메 구스타 칸쿤

카리브해의 낭만을
간직한 중남미의 보석

메 구스타 칸쿤

글/사진
남기성

siso

Tengo miedo.

하늘인지 바다인지 구분할 수 없을 정도의 푸르름이 끝없이 펼쳐져 있었다. 두렵다. 그 두려움이 코발트 바다를 건너 우리네 가슴을 엄습했다.

"멕시코에서 잘 살 수 있을까?"

"그럼, 앞으로 어떻게 될지 아무도 모르잖아!"

"그래, 살아보는 거지 뭐, 안 되면 말구, 안 그래? 아직 젊잖아."

우린 이렇게 카리브해에 취해 멕시코 생존에 주사위를 던지고 있었다.

살다 보면 한 번쯤 낯선 환경에서의 삶을 갈망하며 외국으로의 이민을 생각하기도 한다. 나도 그랬다. 다람쥐 쳇바퀴 도는 일상적 삶을 벗어나고 싶었다. 한국에선 경제적이든 정신적이든 더 나은 삶이 결코 오지 않을 것 같았다. 이러다 더 큰 도약 한번 하지 못하고 허무하게 인생을 마무리할 것 같았다. 내가 바라는 도약적 삶이 외국에서만 가능할 것 같았다. 캐나다를 보았고 미국을 탐색했다. 결국 나의 선택은 멕시코였다. 멕시코는 우연히 아니, 갑작스럽게 운명처럼 다가온 나라였다. 선택한 동경의 대상을 볼 때면 좋은 면만 보게 되고 아무리 피 같은 조언을 들어도 소 귀에 경읽기가 된다. 멕시코는 나에게 모든 것을 보상해줄 것 같은 환상의 나라였다. 멕시코는 엘도라도가 펼쳐질 희망의 나라였다.

출국 날짜가 다가온다. 가슴이 쪼여오기 시작한다. 두렵다. 갑자기 멕시코가 말도 통하지 않고 사건 사고까지 많은 무서운 나라로 다가왔다. 멕시코의 어두운 면만 보이기 시작했다. 하지만 귀신에 홀린 듯 비행기에 탑승했다. 18시간 15,000km의 장거리 비행이었다. 어둠의 나락으로 끝없이 빨려 들어가는 듯했다. 멕시코의 첫 이미지는 상상 그 이하였다. 매캐한 거리는 황량했고 경직된 사람들은 나를 얼어붙게 했다. 그냥 여행 왔다 생각하고 구경만 하고 돌아갈까? 갈팡질팡이었다.

사실 난 그렇게 도전적이며 끝장을 내는 끈기 있는 사람이 아니다. 정말 현실적인 사람이다. 끈기가 없어 결말을 맺어 본 일이 손에 꼽을 정도다. 그래서 그런지 멕시코로의 이동이 또 다른 미결로 끝이 날까 두렵기도 했다. 하지만 생존에 주사위를 던져보기로 결심했다. 어디서 나온 건지 갑자기 깡이 생겼다. 멕시코는 손 벌릴 곳도 없다. 먹고살아야 했다. 승부욕이 생겼다. 이 악물고 한번 살아보니 깡도 늘고 생각도 바뀌고 꿈도 생기고 습관도 바뀌게 되었다. 멕시코는 내 인생의 터닝포인트가 되었다. 잡은 줄을 놓으면 다 죽을 것 같지만 그 줄을 놓는 순간, 새로운 세상이 있었다. 어둡고 눅눅한 동굴을 통과하면 찬란한 태양이 나를 반기는 것과 같았다. 사는 동안은 늘 그랬다. 휘몰아치는 파도가 무섭다고 배를 항구에만 정박시킬 수는 없었다. 늘 움직이다 보니 어두워질라치면 새로운 빛을 주었다. 비어있는 종의 청아한 소리는 더 멀리 울려 퍼졌다. 마음을 비우고 나니 두려움도 없어지고 사는 데도 문제없었다.

이 책은 멕시코 삶에 관한 이야기다. 10년간의 일거수일투족을 모두 담을 순 없었지만, 이국에서 꾸려간 삶, 현지인으로 살면서 보고 듣고 느낀 것들, 그들의 문화를 취하며 만난 사람들의 이야기를 담았다. 더하여 칸쿤은 신혼부부와 여행자들의 핫한 코스다. 새로운 세상을 시작하는 신혼 여행객들과 여행자들에게 쉽게 일정을 만들 수 있도록 부록 편에 칸쿤&쿠바 간단 여행코스와 멕시코 음식도 수록했다. 이 책이 이민 용기를 내는 사람들에겐 이민 생활의 엿보기가 되었으면 좋겠고, 반복된 일상으로 무료한 이에겐 충전 가득한 에너지가 되었으면 한다. 더하여 '이런 사람도 멕시코에서 건강하게 잘 살았구나'로 이해하며, 힘들고 지친 사람들에게 작으나마 용기와 위로라도 줄 수 있다면 더 바랄 게 없겠다.

들에 핀 잡초도 호흡하고 물 마시고 햇볕 받아 쑥쑥 자라는데. 먹고사는 거 너무 두려워 말라고 감히 말하고 싶다. 도전하지 않고 후회하는 것보다 물러나더라도 도전하고 후회하지 않는 길을

택해보라고 권유하고 싶다. 돌이켜보면 나는 인생 한번 박진감 있게 살았다. 그래서 내 인생이 더 값어치 있었던 것 같다. 더 나은 나의 미래는 또 어디에 있을까? 나는 오늘도 새로운 개척을 위해 달린다. 여러분의 삶도 박진감 충만하길 진심으로 기원해본다.

이 책을 통해 '살아보니 다 살아지더라'를 외치는 필자의 말처럼 여러분의 삶에 항상 행복만 가득하길 기원하며, 작으나마 삶의 청량제를 얻어갔으면 한다.

마지막으로 멕시코 이민 생활을 꿋꿋이 견뎌주며 해피엔딩으로 마무리해준 나의 가족들에게 감사하고, 이 책을 선택해주신 독자들께도 감사드린다. 독자들의 삶이 더 아름답고 찬란해지기를 진심으로 기원한다.

목차

CHAPTER 02

(**내가 사랑한, 칸쿤**

현지인으로 살며 보고 듣고 느낀 것들)

CHAPTER 03

카리브해의 낭만을 간직한 사람들
푸른 바다를 닮은 그들의 문화에 스며들다

─(부록
멕시코 200% 즐기기)─

남들은 여행자,
우리는 생활자

겁 없이 떠난 이국에서 삶을 꾸려간다는 것

멕시코는
돈 벌기 쉬운 나라?

"항구에 컨테이너만 도착하면 도매상들이 득달같이 달려들어서 다 사가, 형부. 한국 옷이 천도 좋고 디자인이 좋잖아. 그리고 가격도 얼마나 저렴해. 정말 정신없이 팔려!"

멕시코에서 직장생활 중인 아내의 후배 말이었다. 그 후배는 스페인어 어학연수를 떠나 멕시코에 살고 있었다.

'그런 신천지가 있단 말야? 돈 벌기는 일도 아니겠구만.'

갑자기 가슴이 요동치기 시작했다. 아니 정말 그런 세상이 있단 말인가? 아! 나에게도 기회가 오나 보다. 그곳에만 가면 경제적으로도 성공할 수 있을 것 같은 희망이 용솟음쳤고, 나에게 새로운 별천지가 펼쳐질 것 같았다. 상상의 날개를 펼쳐본다. 갈매기가 날아다니는 부두에 오더한 컨테이너가 도착한다. 도매상들이 물건을 사기 위해 돈다발을 들고 다가온다. 짧은 시간에 물건은 날개 돋친 듯 팔린다. 그리고 나는 기분 좋게 음악을 듣고, 콧노래를 부르며, 조수석에 올려진 돈다발과 함께 사랑하는 가족의

품으로 돌아온다. 이런 게 내가 상상하는 삶이었다. 그동안 내가 꿈꾸었던 경제적 자유 말이다. 이제 힘들었던 회사생활도 종지부를 찍을 수 있겠구나, 그래 멕시코에서 멋지게 살아보자 싶었다.

"아까 후배가 말한 게 사실일까?"

"그러게, 그렇다고 거짓으로 이야기할 애도 아니고, 근데 멕시코가 그렇게 사업하기 좋은가?"

밤사이 섣불리, 아주 섣불리 마음속 한켠에는 멕시코로 가봐야겠다는 마음이 굳혀졌다. 다음 날, 회사 일이 손에 잡히지 않았다. 구름 위에 앉은 것처럼 마음까지 콩닥였다. 차년도 사업계획서로 바쁜 일정이었지만 일하는 내내 머릿속에는 멕시코 항구의 컨테이너 생각뿐이었다. 그렇게 며칠간 멕시코라는 나라가 내 머리를 짓눌렀다.

"우리 멕시코로 가볼까?"

"무슨 소리야, 멕시코로 이민 간다고?"

"아니, 그냥 답사한다 생각하고 여행 한번 가볼까? 답사해서 좋으면 그냥 살아보는 것도 나쁘진 않을 것 같은데."

무모한 결정일 수도 있었다. 그래서 여행하는 쪽으로 마음의 빚을 얹었다. 신년까지 최대 3주 휴가를 만들었다. 살다 보면 가끔 저항할 수 없는 올가미란 것이 다가올 때가 있다. 내가 결정하지 않은 일도 잘 짜여진 각본처럼 움직이며 마치 순리인 듯 움직일 때가 있다. 무언가 귀신에 홀린 것처럼 말이다.

"멕시코로 휴가 간다며? 멕시코엔 뭣 때문에 가는 거야? 여행

가는 거야?"

어디서 들었는지 기획실장이 찾아왔다.

"그럼, 화장품 시장은 어떤지 그것도 조사해봐라. 회사도 수출로 눈을 돌려야 하는데 멕시코부터 중남미 시장은 통 알 수가 없다. 그러니 어느 나라 제품이 많이 들어오는지, 가격대는 어느 정도인지, 그리고 멕시코 여자들 화장은 어느 정도 수준인지, 아니 어쩌면 더운 나라라 화장품에 전혀 손을 안 댈 수도 있겠구나. 하여튼 여행하는 동안 짬짬이 파악 좀 해봐."

멕시코 여행 소식은 순식간에 회사 내에 번졌다. 만나는 사람마다 안부 인사가 여행 이야기다. 농담으로 목숨 부지해서 살아 돌아오라는 말까지 건넸다. 언론에 보도된 멕시코는 총기, 유괴, 마약범 등 위험한 이야기들만 가득한 곳이니 당연했다. 하지만 직접 접해보지 않고 위험한지 안전한지를 어떻게 판단한단 말인가. 접해보지도 않고 위험한 곳으로 치부하고 물러나야 한다면 대체 언제, 어디를 도전해야 한단 말인가. 첫 번째 결혼기념일에 맞춰 비행기 표를 예약했다. 12월 겨울 시즌이니 멕시코 날씨도 적당할 것 같았다. 막상 표를 예약하고 나니 설레기도 하고, 조마조마하기도 하면서 이중적 마음 놀이가 시작됐다.

"기획실장인데, 내 방으로 잠깐 올래?"

"어제 회의에서 너 멕시코 답사 이야기를 사장님께 보고했다."

사장님은 적극적으로 검토하셨고 무엇보다 중남미 판로 모색에 두 손 들고 환영했단다. 거기다 만약 중남미로의 판로가 확정

된다면 중남미 시장의 총판권을 나한테 맡겨보기로 결정이 났다
나 뭐라나. 물건은 원하는 대로 지원해주고 외상 매입도 가능하
다는 파격 조건이었다. 아니, 이런 말도 안 되는 일들이 어떻게 계
속해서 일어난단 말인가. 내 돈 들여서 사업하는 것도 아니고 정
말 이렇게 일이 술술 풀려도 된단 말인가.

　내 머릿속은 또 상상의 나래로 가득했다. 화장품을 가득 실은
컨테이너가 멕시코 베라크루즈 항구에 도착한다. 그리고 물건을
실은 차가 멕시코 전국 각지로 배달된다. 물건을 받은 대리점은
더 많은 물건을 할당해달라고 언성을 높인다. 멕시코에서 성공을

거두자, 남미까지 진출을 모색한다. 결국 브라질, 아르헨티나, 칠
레 등 남미 모든 나라에 수출활로가 확장되고 내 집무실에는 결
재 서류들이 산더미처럼 쌓여만 간다.

세상은 그리
호락호락하지 않다

굉음과 함께 날아오른 비행기는 익숙한 한국 땅을 뒤로한 채 멀리, 아주 멀리 달아나고 있었다. 나는 부푼 꿈과 두려움을 안고 떠난다. 지금 어디로 가고 있나? 잘 선택한 것일까? 머리가 복잡해진다. 이 길이 새로운 도전일 수도, 헛된 욕망의 시간일 수도 있다. 특히 결혼 1년 차인 지금, 안정된 직장에서 안정적인 가정을 이루는 게 최선일지도 모른다.

"기내식을 왜 남겨?"

"그냥 입맛이 없네."

"왜? 걱정돼서?"

"아니, 우리가 지금 당장 가서 사는 것도 아니고, 그렇다고 금방 어떻게 난리가 나는 것도 아닌데 무슨 걱정이야? 그냥 편하게 여행한다고 생각해. 여행하며 시장조사도 하고 뭐 그러다 아무것도 아니면 다시 새로운 회사 다니면 되지. 뭐가 걱정이야? 지금 우리가 이민 가방을 싸서 날아가는 것도 아니고 우리가 실은 가방은 그냥 캐리어야. 여행 다닐 때 신고 가는 캐리어."

아내는 위로의 말을 건넸지만 내 마음은 착잡했다. 난 처음의 휴가 계획을 철회하고 과감히 사표를 던졌다. 휴가로 떠난 멕시코보다 퇴사라는 특단의 조치로 더 간절히 시장조사에 매달리고 싶었다. 퇴사를 했다고 중남미 총판권이 날아간 것은 아니었지만 불안한 마음은 가득했다.

콧수염 사람들이 하나둘 보이는 것을 보니 멕시코다. 출국장을 벗어나니 호객행위 택시에 완전히 포위되었다. 낯선 얼굴, 낯선 환경에 가슴이 떨린다. 갑자기 멕시코의 사건 사고까지 떠오르니 입술은 바짝바짝 타고 손까지 떨린다. 멕시코는 어두웠고 하얀 분말의 스모그만 가득했다. 멕시코는 그렇게 두려움 가득한 첫인상을 건넸다. 하지만 다음 날 멕시코에 미안했다. 멕시코도 사람이 사는 곳이었고 아침 공기도 상쾌했다. 위험하지 않은 곳에서 가장 위험한 요소는 내가 가진 마음속 두려움이었다.

"화장품이 얼마죠?"

우린 쇼핑몰을 찾았고 L사의 제품을 보았다. 그런데 멕시칸들은 다들 구경만 할 뿐 가격이 더 저렴한 미국 제품들만 구매했다. 한국 제품의 절반 가격에 거래되고 있으니 당연해 보였다. 더운 나라답게 기초보다는 색조 제품 진열이 많았다. 다음으로 도매시장을 찾았다. 남대문 시장처럼 바쁜 일상이 정신없다. 여기저기서 손수레 굴러가는 소리, 뛰어가는 모습, 금방 도착한 물건들을 하적하는 모습 등 여느 시장의 모습처럼 활발했다. 아내의 후배가 말한 것처럼 산더미처럼 쌓인 옷과 물건들이 계속해서 차에 실리고 있었다. 물건은 싣기가 바쁘게 나가고 들어오기를 반복했다. 잡화, 즉 옷과 모자 등이었다. 한국 사장님은 돈 세기에 바빴다. 나에겐 오랜 시간 쏟아낸 그의 피와 땀보다 탐욕 가득한 돈만 보였다. 갑자기 화장품 조사는 온데간데없고 잡화 물건만 두 눈 가득 들어왔다.

다음 날, 그다음 날도 주어진 시간 동안 멕시코 시티의 백화점, 도매시장을 발이 퉁퉁 부을 정도로 다녔다. 2주 간 어느 정도의 체계적 통계를 마무리하고, 남은 며칠간은 여행하는 데 시간을 보내기로 했다. 아내 후배가 새롭게 정착한 멕시코에서 가장 아름답다는 휴양도시 칸쿤을 구경하기 위해 서둘렀다. 멕시코시티에서 칸쿤까진 버스로 24시간 걸리는 대이동이었다. 살아오면서 이렇게 오랜 시간 버스를 타 본 적이 없다. 에어컨 바람은 차가웠고 허리는 끊어질 듯했다. 밤새 에어컨에 시달리며 거의 동태가 되어갈 때쯤 칸쿤에 도착했다.

밤새 추위에 떨기만 해서인지 칸쿤의 찌는 듯한 더위가 시티와 다른 온화한 매력으로 다가왔다. 바다로 달려간다. 에메랄드 빛 카리브해가 눈앞에 펼쳐졌다. 바다를 보며 이렇게 가슴 시린 적이 있던가. 숨이 막힐 정도의 아름다움이었다. 해변 모래는 밀가루 분진처럼 고왔고, 눈부신 바다는 은비녀를 보는 듯 화려했다. 칸쿤은 과한 설렘 그 자체였다. 한번 살아보고 싶을 정도의 충동적인 화려함이 있었다.

"한국에서 계속 직장생활하며 단조롭게 사는 것보다 멕시코에서 한번 살아볼까?"

"사실 나도 그런 생각인데. 한국에서 안정적으로 승진하고 월급 오르고 애 낳고 그렇게 사는 것도 좋긴 하지만… 왠지 재미가 없을 것 같다. 그치? 우리 이민 와볼까?"

"정말 여기서 한번 살아볼까?"

"아니, 정말 그렇게 할 수 있을까?"

"뭘 해서 먹고살지?"

"전세금으로 얼마나 버틸 수 있을까?"

우리는 철두철미한 계획도 없이 충동적 오류를 범하며 멕시코로의 삶을 저울질하고 있었다.

"그래, 우리 가서 짐 제대로 싸서 다시 건너오자. 만약 실패하면, 빨리 털고 한국으로 다시 귀환하면 되지 뭐. 우린 아직 젊잖아."

우리는 젊음을 무기로 갑작스런 멕시코 삶을 결정했다(칸쿤의 삶을 결정한 것이 아니라 멕시코 삶을 결정한 것이었다). 가끔 너무 많은 고민은 결정장애를 일으킨다. 그래서 무모하지만 과감한 결정이 또 다른 운명의 끈으로 이어질지도 모른다. 하지만 반드시 혹독한 대가는 있다. 세상은 그렇게 호락호락하지 않다.

Aduana
Customs

Zona de revisión
Inspection Zone

4 4

과달라하라에서의
시작

육중한 몸을 일으키며 비행기는 이륙했다. 더불어 우리의 마음도 한국을 떠났다. 부모님의 반대는 상상 이상이었다. 부모님은 내가 평범한 가정을 일구고 손자들을 안겨 주시길 원하셨다. 하지만 부모님의 애절한 마음을 매몰차게 뿌리쳤다. 급기야 부모님은 배신감을 동반하며 아내를 미워하기 시작했다. 며느리 때문에 아들 하나를 잃어버린다며 서운함을 격하게 드러내셨다.(부모들은 잘되면 자기 자식 탓, 못되면 남의 자식 탓이다. 근데 아내 후배 때문이라 생각했으니 아내가 얼마나 미웠겠는가?) 하지만 아내가 아니라 내 결정이 단호했다. 그렇게 모진 마음을 안고 부모님을 뒤로하고 나니 눈시울이 붉어진다. 물론 멕시코에 뿌리를 박고 다신 한국에 돌아오지 않겠다는 생각은 아니었다. 그래도 만감이 교차했다.

막막한 마음을 안고 20여 시간의 비행을 마무리했다. 멕시코 삶에서 가장 필요한 것이 언어였다. 도착지로 한국 학생들이 가장 많이 찾는 과달라하라를 선택했다. 막상 공항에 내리니 당장 한국으로 돌아가고픈 서글픔이 밀려왔다. 이민 가방 가득히 어지럽게 담긴 라면, 소주, 오징어, 고추장 등의 한국 음식과 식기처럼 마음이 어지러웠다. 공항을 빠져나오니 내 이름이 적힌 피켓이 눈에 띄었다.

"멕시코 가면 동아리 후배가 마중 나올 거야. 그리고 한국의 원룸 같은 곳을 구해보라고 했어. 나를 끔찍이도 좋아하는 후배니까 잘해줄 거야."

피켓을 든 이와 통성명을 하고 어색한 마음을 전하며 택시에 몸을 실었다. 이동 중의 풍경은 여행할 때의 멕시코 모습과는 느낌이 달랐다. "파리의 에펠탑이 여행할 때는 멋있고 아름답지만, 이민 생활 중 먹을 게 없어 배고프고 눈물날 때는 지긋지긋했다"라는 어느 이민자의 말이 생각났다. 정말 난 뭘 믿었던 것일까? 무슨 배짱으로 이곳을 찾은 것일까? 앞으로 과연 잘할 수 있을까? 출발 전 호기 어린 자신감은 사라진 지 오래였다.

복잡한 심경 속에서 첫 스페인어 수업이 시작되었다. 당연하지만 무슨 말인지 하나도 알아들을 수 없었다. 그런데 클래스에는 우리와 비슷한 또래의 부부가 있었다. 사업하는 형을 돕기 위해 멕시코행을 결정했다고 했다. J네는 우리 부부와 나이도 같았고, 멕시코에 온 시점도 비슷했다. 그런데 삶은 완전히 달랐다. 사업하는 형 덕분에 부르주아(?) 생활을 하고 있었다. 자가용 몰고 어학연수 다니는 유지(?)로 소문 나 있었다. 그래도 미래에 대한 불안감과 낯선 곳에서의 외로움이 이 부부 덕분에 위로가 되었다.

어느날 J의 형 집에 초대를 받았다. 한국 김치에 한국 삼겹살을 먹을 수 있다는 것에 놀랐다. 한국에선 흔한 음식이었지만 이곳에선 감히 처다볼 수도 없는 음식이었기 때문이다. 그 이후 초대받아 갈 때면 "과달라하라 유지 집에 초대해 주셔서 고맙다"며 농담을 건네곤 했다. 원단 수입 수출업을 하는 J의 형은 농담이 아니라 실제 유지였다.

마음먹었던 3개월간의 스페인어 어학연수가 끝났다. 언어적 소통이란 고비는 넘겼으니, 살아가면서 현지인과 부딪치며 더 많이 배우면 될 것 같았다. 3개월을 지내는 동안 과달라하라가 멕시코시티보다 안전하다는 것을 알게 되었고, 더하여 정을 나눌 수 있는 친구, 형, 한인들을 알게 되면서 우리 부부는 과달라하라에 정착을 결심했다. 본격적인 정착을 위해 원룸 생활을 청산하고 아파트 임대를 결정했다. 방을 구하기 위해 거의 한 달 정도는 매일 아침마다 신문을 샀다(방 렌트 광고는 신문에 기재된다). 그러던 중 꼭 살고 싶었던 지역에 알찬 월세 가격의 매물을 보았다. 전화를 걸었다. 새벽이었지만 급한 마음에 예의 따윈 생각할 수도 없었다.

"경비실에 와서 서류를 받고, 사실대로 작성 후 제출하세요. 합격 여부는 제출 3일 후 직접 확인하시면 됩니다."

무슨 입사 시험도 아니고 월세로 집을 구하는데 서류 면접을 본다니…. 참 어이가 없었다. 그래도 외국인인 우리에겐 안전이 제일 중요했다. 아파트가 위치한 곳은 깨끗하고 안전한 곳이었

다. 서류는 생각보다 까다로웠다. 직업란, 보증인란, 국적 등 세세하게 적어야 했다. 나는 J의 형님을 찾아갔다.

"형! 집을 구하려니 이런 서류까지 필요하다네요."

형은 이해한다는 눈치였다. 월세를 주더라도 계약날짜에 돈을 내지 않는 사람들이 워낙에 많아 주인이 꼼꼼하게 따지는 것은 당연하다고 했다. 그래서 직업란에 월급은 어느 정도인지 회사는 어디에 위치하는지, 회사명은 무엇인지 등 자세한 기록을 요구했다. 형은 학생이라고 적으면 절대 월세를 줄 일이 없다며, 회사 직원처럼 적어야 된다고 했다. 의지할 곳 없는 외국에서 단 몇 달 만난 게 전부인데 형은 자기 일처럼 도와주었다. 물론 한국으로 돌아온 형과는 지금도 종종 만나 그때의 이민 생활을 이야기하곤 한다.

월세는 한국 돈으로 60여만 원, 계약 기간은 1년, 보증금으로 월세 세 달 치를 요구했다. 형의 도움으로 형의 회사에 위장 취업(?)한 나는 무사히 서류를 넣을 수 있었다. 다행히 집주인은 우리 부부에게 아파트를 내주었다. 우리 부부는 마치 집을 산 것처럼 기뻤다. 알고 보니 경쟁률이 상당했다고 한다(아파트 월세살이에 경쟁률이라니…). 그렇게 아파트로 이사했고 소파, 세탁기, 냉장고, 침대 등 가재도구를 구입했다.

앞으로 우리의 삶이 또 어떻게 바뀔지 예상할 수 없었지만 제2의 인생을 과달라하라에서 시작하게 되었다. 어쩌면 인생은 한 발 한 발 조심스럽게 징검다리를 건너는 것인지도 모르겠다. 멀리 보지 못하고 바로 건널 다리만 바라보는…. 우리도 멕시코에서 조심스럽게 두 번째 징검다리를 건넜다. 그래도 무사히 건넜으니 얼마나 다행인가?

나는 칸쿤으로,
아내는 한국으로

당장 여기서 생활을 하기 위해 직업을 찾아야 했다. 철저한 조사를 하지 않으면 아무리 좋은 물건을 들여온다 해도 성공할 수 없다. 발로 뛰며 시장 구석구석을 돌아다녔다. 그러다 키티 제품을 멕시코 사람들이 좋아한다는 것을 알게 되었다. 그동안 알고 지내온 과달라하라 한인회 총무님께 조언을 구했다. 총무님은 멕시코에서의 사업이 생각보다 쉽지 않다며 본인의 실패 사례를 들려주었다.

"근데 총무님, 하나만 여쭤보겠습니다. 어느 정도 금액이 있어야 덤벼 볼 수 있을까요?"

"뭐 그거야 물건 양에 따라서 다르지. 그런데 처음부터 컨테이너로 수입하겠다는 거야? 컨테이너로 가지고 온다면 도매상들은 확보해뒀나? 아님 판로라도 가지고 있나? 그것도 아니면 물건을 적재할 창고는? 것도 아님 소매로 할 가게는?"

총무님은 속사포처럼 묻기 시작했다. 그러고 보면 나는 아무것도 준비가 되어 있지 않았다. 아내 후배가 이야기한 것처럼 물건이 항구에 도착하면 상인들이 득달같이 달려들어 물건을 사줄 거란 착각에만 빠져있었다.

"일단 보따리 장사부터 해봐. 괜히 처음부터 욕심내서 말아먹지 말고. 여기 장사하는 한국분들 하루아침에 성공한 사람 없어. 다들 한두 번은 쫄딱 말아먹고 바닥부터 다시 일어선 분들이 대부분이야. 그런데 다들 후회하는 건 처음 이런 일을 할 때 누군가 옆에서 조언해준 사람이 없었다는 거야. 만약 그때 조금만 방향을 틀어 주었다면 그렇게 실패하진 않았을 텐데 말이야. 물론 그때 이래라저래라 했다고 해서 말귀를 알아듣지도 않았겠지만 말이야. 그리고 키티 제품은 이미 선점한 사람이 있어. 물론 독점이 아니니 수입해서 파는 건 문제없지만 말이야."

총무님을 만나고 돌아오는 내내 맘이 무거웠다. 어디서부터 어떻게 시작해야 될지 막막했다. 멕시코로 이민 올 때 도대체 난 뭘 믿어버린 걸까? 정말 철딱서니가 없었다. 그렇게 먹고살 일로 고민하고 있을 때 아내 후배로부터 이메일이 도착했다. 칸쿤으로 여행이나 오라는 것이었다. 우리가 처음 이민을 결정했던, 그동안 잊고 지냈던 '칸쿤'이라는 단어에 귀가 번쩍였다. 살다 보면 보일 듯, 보일 듯하면서도 안개에 싸여 자세하게 보이지 않을 때가 많다. 그런데 그럴 때마다 이상하리만치 전광석화 같은 빛이 내릴 때가 있다. 칸쿤에서 돌아온 후 삶의 터전을 옮기기로 결정했다.

"아니, 나하고 같이 좋은 사업 아이템 찾아서 무역업 하기로 했잖아!"

"그 더운 데서 어떻게 살려고 그래? 칸쿤은 휴양지로는 좋지만 사는 곳으로는 마땅치 않은 곳이야."

긴급회의다. 과달라하라 한인 분들은 다 모인 것 같다. 반대의 목소리가 끝이 없다. 다들 "네, 과달라하라에 살게요"라는 말만 기다리며, 우리 부부 입만 뚫어져라 바라본다. 한국 사람이 많이 없는 칸쿤이 새로운 기회의 땅일 수도 있었지만 모두 부정했다. 칸쿤에 마음이 끌린 가장 큰 이유는 과달라하라에서 시장조사를 해보니 내가 비집고 들어갈 틈이 없다는 생각 때문이었다. 그럴 바에야 한국 사람이 여기보다 적은 칸쿤에서 승부를 거는 게 훨씬 나을 듯했다. 물론 지금 와서 생각해보면 이런 우리의 결정은 옳은 선택이었다.

과달라하라의 도매시장에는 이미 권리금 제도라는 게 있었다. 멕시칸들 사이에서는 그런 용어나 제도가 없었지만 한국인 이민자가 늘어나면서 이런 제도가 생겼고 특히 장사가 잘 되는 가게나 도매상들이 많이 드나드는 가게는 권리금도 훨씬 비쌌다. 내가 가진 돈으로는 구멍가게조차 구할 수 없었다. 막막했다. 방법이라곤 한국인이 운영하는 가게에 취직해서 돈을 모으고, 가게를 하나 차린 후 무역업을 하는 수밖에 없었다. 아니면 정말 보따리장사로 근근이 생활을 유지해야 했다. 생활 유지를 목적으로 멕시코 이민을 결정한 것은 아니다. 그럴 바엔 한국에서 월급 받으며 사는 게 훨씬 나았다. 칸쿤의 상황도 여기나 다를 게 없지만, 일단 가게 권리금이 없고, 가게 세가 싸며, 특히 관광지로 알려지면서 한국 여행객들이 늘어나고 있었다. 아내 후배처럼 여행 가이드 일도 할 수 있을 것 같았다. 수많은 설득을 뒤로하고 결국 칸쿤행을 결정했다.

이사부터 알아봐야 했다. 칸쿤으로 일주일 내에 이삿짐을 옮기려니 비용이 장난 아니었다. 차라리 가재도구를 팔고 가거나 버리고 가는 게 이득이었다. 더 저렴한 가격에 이삿짐을 옮기려니 도착에만 적어도 한 달 넘게 걸린다고 했다. '멕시코 사람들을 대체 어떻게 믿고 한 달을 기다리지? 만약 이사짐 센터에서 짐을 보내지 않는다면?' 걱정이 밀려왔지만 그래도 어쩔 수 없었다. 믿고 짐이 올 때까지 기다리는 수밖에 없었다.

더하여 우린 또 하나의 중대한 결정을 내려야 했다. 아내만 잠시 한국에 다녀오기로 했다. 이삿짐이 언제 칸쿤에 도착할지도 모르고 아파트를 구하는 것부터 모든 것이 결정된 게 없다. 아내 후배도 원룸에서 지내기 때문에 신세를 지기도 힘들었다. 무엇보다 장모님 건강이 악화되어 아내를 꼭 보고 싶어 했으며, 이곳으로 오면서 마무리하지 못한 일들도 있어 우린 잠시 떨어지기로 했다.

그동안 깊은 정을 나누었던 형들, 학생들, 한인들 더하여 멕시코 사람들을 모두 뒤로하고 나는 칸쿤으로, 아내는 한국으로 향했다. 공항에서 아내를 떠나보내고 나니 눈물이 쏟아진다. '무슨 큰 영광을 보겠다고 이러고 있는가?' 싶어 희망을 가져보려 해도 막연했다. 이민을 결정한 대가를 혹독하게 치르고 있었다. 멕시코시티, 과달라하라, 다시 칸쿤까지 밑으로, 밑으로 끝없이 추락하는 것만 같았다.

짐을 이삿짐 센터로 보낸 후 칸쿤 캐리어 짐을 정리했다. 언제 올지도 모르는 불안한 이삿짐처럼 지금 내 모습도 시소 중간에 올려진 것처럼 불안했다. 어디에도 정착하지 못하고 이곳저곳 기웃거리는 신세같았다.

그렇게 몇 개월간의 과달라하라 생활을 마무리하고 칸쿤으로 향했다. 멕시코에서 처음 정을 나누었던 사람들과의 이별이었다. 이역만리에서의 만남이라 더 정이 들었었다. 이 눈물이 마지막이길… 칸쿤에선 더 밀리지 말고 멋지게 살아보자며 다짐하고 또 다짐해본다.

우리에겐 항상 선택과 결정의 순간이 다가온다. 누구도 어떤 선택과 결정이 최상인지는 알 수 없다. 하지만 그 선택과 결정을 최상으로 만들기 위한 노력은 반드시 필요하다. '이랬으면 어땠을까?' 후회하는 것보다 최선의 노력이 최선의 방어임을 알기 때문이다.

칸쿤에서의
첫 집 빌리기

당장 칸쿤에서 살 집이 필요했다. 한국이었다면 한 동네에 중개사무실이 2~3개씩 있었을 텐데 이곳은 그 흔한 부동산 중개소도 하나 없다. 아내의 후배도 미국 여행 중이라 도움을 받을 수 없었다.

'아무리 관광도시여도 현지인들이 거주하고 있을 텐데, 빌릴집을 어떻게 찾는담….'

그런데 칸쿤은 정말 더웠다. 숨이 턱턱 막힐 정도다. 온 거리가사우나다. 에어컨 빵빵한 편의점으로 도피했다. 신문 가판대가 보였다. '혹 과달라하라처럼 신문에 렌트 광고가 있지 않을까?' 예상했던 대로 뒷편에 렌트 광고가 빼곡했다. 이걸 모르고 그렇게헤매다니 원. 과달라하라에서의 경험치는 왜 깨끗하게 리셋된 것일까. 그런데 집들의 위치가 어디가 어딘지 도무지 알 수가 없다.

어차피 알아먹지 못하는 위치이니 가격으로 추정해본다. 너무싸면 위험지역일 것 같고, 너무 비싼 건 지금 내 형편에 가당치도 않다. 적당히 중간 가격대의 아파트를 찾아 전화를 걸었다. 수화기 너머 대뜸 어디냐고 묻는다. 아파트 렌트 지역을 모르겠다고 하니 나를 찾으러 오겠단다. 집 렌트를 위해 서류 면접까지 봤던 과달라하라와는 완전히 달랐다.

'아니, 칸쿤 집들이 잘 안 나가나? 왜 이렇게 안달이지?'

몇십 분이 지나자 내 이름을 부르며 누군가 다가왔다. 며칠 동안 보았던 칸쿤 원주민 모습은 아니었다. 얼굴은 하얗고 복장은 깔끔했다. 칸쿤 사람들은 과달라하라 사람들과 완전히 딴판이었다. 대부분 목이 짧고 키는 작고 뚱뚱하며 배 나온 모습의 원주민들이 대부분이었다. 자세히 보면 아시아계의 몽골인 모습과 비슷하다. 집주인은 과달라하라에서 보았던 얼굴이 하얀, 오리지널 스페인계 사람이었다.

차로 중심가에서 20여 분 이동했다. 마치 공사가 중단된 듯한 건물이 보였다. 아파트라고 하기에 층수는 낮았고 주변 울타리는 손쉽게 뛰어넘을 수 있는 높이였다. 건물 외벽에 칠해진 분홍색 페인트는 색이 바래져 흉했다. '설마 저긴 아니겠지?' 했지만 야속하게도 차는 그곳 출입구로 향했다. 입구엔 출입문도 경비원도 없었다. 4층 건물이었고 엘리베이터도 없었다. 이 가격과 고작 4층 건물에 엘리베이터를 기대했다니…. 나무 문짝이 습기에 내려앉아 끙끙대며 힘을 줘야 겨우 열렸다. 한국처럼 정갈한 나무 바닥이나 벽지를 바라는 건 사치였다. 그래도 햇볕이 잘 들어 내부는 환했고 바닥 타일과 벽면의 파란색 페인트칠이 깨끗했다.

주인은 안방, 작은방, 화장실을 안내한 후 보일러를 새것으로 교체했다며 강조한다. 칸쿤에서 이 가격에 이런 컨디션의 아파트는 볼 수 없다며 너스레를 떤다. 그러곤 내 눈치를 살핀다.

임대인 입장에서는 하루빨리 월세를 받고 싶을 것이다. 살다 보면 '귀신에 씌었다'라고 느껴지는 순간들을 만난다. 내게는 이 거래가 그랬다. 입구부터 모든 것이 마음에 들지 않았지만, 계약하기로 마음을 먹었다. 사실 하루라도 빨리 숙박할 장소가 필요했다. 계속해서 호텔에 머물 수도 없었다. 나는 계약 의사를 밝혔고 '안 되면 말고'라는 마음으로 가격조정을 요구했다. 운 좋게 매달 2만 원 정도를 아낄 수 있었다. 나는 '안 되면 말고'라는 말을 좋아한다. 우리는 너무 상대를 배려하는 마음에 '내가 이렇게 이야기하면 상대방이 어떻게 생각할까?' 또는 '말해도 해 주지 않을 것 같은데…'라는 걱정으로 시도해보지도 않고 물러나는 경우가 많다. 지레짐작으로 먼저 결론 내리지 말자. 나는 제안만 한 것뿐이고, 그 제안을 받아들일지 말지는 상대방이 결정하는 것이다. 시도 한 번으로 한 달에 2만 원, 1년에 24만 원이라는 돈을 절약할 수 있었다. 순탄하게 칸쿤 첫 집을 계약했다. 여건을 만든 후 아내를 데려와야겠다는 계획은 하나씩 다듬어졌다. 이제 과달라하라에서 가구만 도착하면 된다.

텅 빈 집엔 밥통, 수저, 입을 옷 몇 벌이 전부였다. 거실 한켠에 놓인 검은색 이민 가방이 횅해 보였다. 후덥지근한 칸쿤 날씨 탓에 맨바닥 한기는 오히려 시원하게 느껴졌다. 그런데 몸을 누이

고 한참을 있으니 한기가 점점 거세진다. 추운 데서 자면 입 돌아 간다는 말이 딱일 정도의 차가움이었다. 창밖으로 보이는 달이 유독 슬퍼 보였다. 마치 내 마음이 투영된 듯 달의 크레이터가 더 검고 넓어 보였다. 이불로 삼은 점퍼를 가로로 깔았다, 세로로 깔 았다를 반복하니 어느새 아침이다. 움츠러든 어깨처럼 칸쿤의 밤 은 을씨년스럽게 마무리되었다. 오늘은 이불이라도 사야겠다.

드디어 기다리던 이삿짐이 도착했다. 하나씩 제자리를 찾는 물 건들을 보니 눈물이 났다. 낯선 땅 멕시코에서 처음 동고동락했 던 물건들이라 더 애정이 갔다. 그런데 식탁 다리는 나사가 빠져 삐그덕거렸고, 냉장고는 곳곳에 흠집이 나 있었으며, 침대는 이 리 치이고 저리 치여서 패인 자국들로 가득했다. 멀쩡했던 물건 들이 중고가 되어 돌아왔다. 컴플레인을 해봤지만 자기네들은 모 른다며 발뺌이다. 몇 달 살아본 멕시코는 한번 모르쇠로 돌입하 면 답이 없다. 비용 절감 차원에서 보험도 들지 않았고, 무엇보다 내가 멕시코 사람들을 믿었다는 것이 실수였다. 흠이 났지만 무 사히 도착했다는 데 감사해야 했다.

타국에서 살다 보면 내가 태어나 자란 곳이 얼마나 소중한지, 그동안 받았던 무한한 혜택들이 얼마나 고마웠는지를 뼈저리게 느끼게 된다. 내가 가진 것에 대한 감사는 낯선 환경에서 더 간절 해지는 것 같다. 이삿짐이 도착한 날, 한국이라는 나라가 얼마나 살기 좋은 나라인지를 다시금 실감했다.

이삿짐 센터 직원들은 열심이었다. 무더운 더위에 4층까지 이삿짐을 옮기니 땀범벅이다. 사다리차도 없고 크레인도 없다. 일당이 저렴하니 굳이 기계를 사용할 필요가 없다. 시원한 음료와 약간의 팁을 건네며 감사함을 전했다. 그을린 얼굴 사이로 하얀 이를 드러내며 미소짓는 모습을 보니 흠집 난 전자제품, 부서진 가구에 대한 언짢음도 눈 녹듯 사라진다. 정리를 끝내고 나니 집다운 모습이다. 얼마 전 텅 빈 집에서의 휑했던 기분이 오늘은 꽉 찬다. '칸쿤에서의 첫 집 빌리기'가 아름답게 마무리된 날이었다.

'구경할래?' 한 마디로
첫 계약을 하다

칸쿤은 생각보다 훨씬 더웠다. 햇볕에 노출되면 얼굴은 익어버리고, 햇볕을 피해 그늘로 가면 습함 때문에 가만히 있어도 땀이 비 오듯 했다. 정말 이러지도 저러지도 못하는 곳이었다. 햇볕에 장시간 노출된 차 핸들을 건드렸다간 불에 손을 덴 듯하다. 더위 때문에 몸에 걸치는 모든 것이 귀찮을 텐데, 현지인들은 이상하리만치 모자를 좋아한다. 축구를 좋아하는 민족답게 운동 관련 모자, 미국 NBA 유니폼, MLB 유니폼을 광적으로 좋아했다. 거리를 걷다 보면 대부분 모자를 착용했고 유명 메이저리그 유니폼 하나 정도는 걸치고 다녔다. 운동복과 모자를 좋아하는 모습에 나도 새로운 시도와 도전의 용기를 가져본다. 직접 영업 전선에 나서기로 했다. 과달라하라 형님의 도움으로 여러 종류의 운동복, 모자 등을 샘플로 받았다. 하지만 영업은 크나큰 용기가 필요했다. 말 통하는 한국에서도 어려운 게 영업인데, 스페인어도 완벽하지 않은 이곳에서의 영업은 오죽하겠는가.

호기롭게 모자, 허리띠, 운동복 등을 가득 담고, 다운타운 중심가로 향했다. 거리를 걷다 두리번거리기를 여러 번, 모자 걸린 가게 한 곳이 보였다. 이제 문을 연 듯 청소 중이었다. '아침부터 기분 나빠하지 않을까? 청소하는 시간인데 응대라도 해줄까? 내 제품을 좋아할까?' 갑자기 머릿속 가득 안 되는 이유가 불꽃을 튀긴다. '그래, 청소 중이니 나중에 오자. 일단 다른 곳을 찾자.' 물러날 결정을 해버리니 이렇게 편하다. 꽉막힌 하수구가 뚫리는 기분이다. 오전 내내 이 가게 저 가게 두리번거리다 시간을 보내버린다. 한 것도 없는데 몸은 땀범벅이 되었고 머리까지 멍하다. 대체 무얼 한 건지 자괴감마저 밀려든다. 가게 문을 열고 들어가본 곳이 없다. '주인이 없나 보네, 가게에 손님이 있어서 나중에 와야겠네, 휴식 중에 들어가면 기분 나빠할 거야' 등 혼자 모든 것을 판단하고 결정해 버렸다. 가게 앞에선 극도로 긴장하고 돌아서면 편안해졌다. 살며 영업에 '영'자도 몰랐고, 특히 남한테 싫은 소리 한번 안 해본 나에게 영업은 너무나 큰 벽이었다.

개떡 같은 상황인데도 배가 고파온다. 햄버거 한쪽을 먹으며 '제발 오후엔… 제발…'이라며 절실하게 다짐해본다. 근데 오후도 도돌이표가 되었다. 가게 앞에만 서면 얼어버린 송장처럼 벌벌 떨기만 할 뿐 문턱 한번 넘지 못한다. 어느새 뉘엿뉘엿 해가 넘어간다. '하루종일 대체 뭘 한 거야? 네가 이러고도 한 가정의 가장이라 할 수 있니?' 번뇌가 꼬리에 꼬리를 문다. 몸도 마음도 지쳐버린 첫날이었다.

다음 날 집을 나서며, '제발, 오늘은 가게 안 아니, 가게 입구까지라도 발을 내디뎌 보자'라며 다짐 또 다짐한다. 어제 기웃거리기만 했던 쇼핑몰 가게다. 어제처럼 카운터엔 콧수염 아저씨가 자리하고 있다. 본드를 붙여 놓은 듯 미동도 없다. 갑자기 쿵쾅거리며 맥박도 달리기 시작한다. '지금 뭐하니? 들어가서 한마디만 하자. 아냐, 내일 오자. 넌 가장이다. 이래선 안 된다.' 수없는 소리가 공명처럼 울린다. 눈 질끔 감고 가게로 발을 들여 놓는다.

"어서오시요, 뭘 사시려고?"

"아… 아… 혹시 사장님이…."

"내가 사장인데."

"제가 모자를 좀 팔려는데… 혹시… 구경하실래요?"

'구경할래?' 이 한 마디를 하는 데 이틀이 걸렸다. 그날 이 한 마디로 무려 30장의 모자를 팔 수 있었다. 상대방은 오히려 제품이 필요한 사람이었다. 멕시코 칸쿤에서 'made in korea'가 선명히 박힌 한국 모자를 팔았다. 적은 수량이라 생각할 수 있지만 나에겐 너무나 큰 성과였다. 발을 들이고 "구경할래?"라고 말을 건 시도가 중요했다. 시도하지 않으면 확률이 0%지만 일단 말을 건네면 확률은 50%로 치솟는다. 이젠 상대방이 내 물건을 살지 말지를 고민한다. 만약 상대방이 결정하게 되면 확률은 100%가 된다. 그래서 확률을 50%로 올리는 것이 정말 중요하다. 첫 계약에서 가장 소중했던 메시지는 '일단 시도하라'는 것이었다.

칸쿤에서
내 가게를 열다

한국 출발 전 비자 부분을 체크했다. 주한 멕시코 대사관 홈페이지를 검색하니 '초청장Carta de Invitacion을 통해 주한 멕시코 대사관 영사과로부터 사전허가 입국비자Internacion 형식의 비자를 발급받고, 멕시코 입국 후 30일 이내에 이민국으로 출두해서 비자를 받아야 한다'라는 게 주요 골자다. 초청장이란 것이 멕시코 현지 업체가 직접 멕시코 이민청에 사전비자 신청을 한 후 사전허가 입국비자를 발급받는 것이다. 그런데 멕시코 워킹비자 발급은 어려웠다. 비자 발급이 어려우니 멕시코 이민은 전면 취소해야겠다고 생각했고, 이민은 꿈도 꾸지 말자고 마음먹었었다.

멕시코 현지 회사에서 오라는 것도 아니니 워킹비자를 발급받을 수도 없고 결국 이민을 갈 수도 없었다. 그럼 그렇지 돈이 많아서 투자 이민을 가는 것도 아니고, 스페인어가 유창해서 멕시코 취업이 된 것도 아닌데, 어떻게 이민을 갈 수 있단 말인가? 아내와 며칠을 고민했었다. 결론은 '한번 가보자, 무슨 방법이 있겠지. 직진해 보자'였다. 일단 멕시코는 한국과 무비자 협정국이니 관광목적으로 180일을 체류하는 것은 문제가 없었다. 현지에 도착해서도 도저히 방법이 없으면 다시 돌아오자며 편하게 생각했었다.

하지만 문제에 봉착했다. 어느덧 180일짜리 체류 비자도 다 되어가고, 무엇보다 가게를 열려니 사업등록이 필요했다. 사업등록은 영주권을 소지하거나 멕시코인의 보증이 있어야 했다. 멕시코에 온 지 1년도 안 되었으니 영주권은 받을 수 없었다. 멕시코 사람이 보증을 서주면 추가로 비용을 쓰지 않더라도 가게를 열 수 있었다. 한 푼이라도 절약하려면 보증 서줄 사람을 찾아야 한다. 보증이라는 것이 한국처럼 돈과 관계된 것이 아닌 대리인 형식이다. 하지만 보증 서줄 사람이 없다.

주저하기를 몇 번, 결국 집주인에게 부탁해보자 싶어 찾아갔다. 집주인은 회계사였다. '대리인을 서주면 가게 회계 업무를 맡기겠다'며 흥정 아닌 흥정을 했다. 잠시 고민하더니 기꺼이 승낙 의사를 주었고, 꼭 성공하라는 격려까지 주었다. 별로 기대하지도 않았는데, 나를 믿어주고 격려까지 주다니 눈물이 핑 돌았다. 무언가에 지칠때면 작은 위로의 말도 큰 파도로 다가온다. 지금처럼…. 부모 자식 간에도 안 서준다는 게 보증인데, 타국 사람에게 아무 조건 없이 보증을 서주다니…. 가게 문제가 해결되었으니 워킹비자 받는 데도 문제가 없었다.

죽으란 법은 없다. 어려울 것 같은 일도 부딪쳐보면 쉽게 해결

될 수도 있다. 안 되는 사람은 안 되는 이유만 찾는다는데, 한국에선 될 이유를 찾은 것이 아니라 안 되는 이유만 찾았던 것 같다. 멕시코에 살면서 점점 되는 이유를 찾아가니 다행이었다. 되는 이유를 찾다 보니 어려워도 돌파구가 마련되어 해결되는 경우가 많았다. 그러면서 나는 더 단단해졌다.

소유 예산에 맞춰 가게 차릴 곳을 정해야 했다. 경쟁 점포의 유무, 유동 인구, 유동 인구에서의 연령층, 주말과 평일 모습, 가격대별 반응 등 세밀한 조사가 필요했다. 제품은 모자, 운동복, MLB 유니폼 정도로 정했다. 물론 철저한 조사를 해도 가게가 잘 된다는 보장은 없다. 특히 잡화점은 재고까지 떠안아야 한다. 칸쿤은 1년 내내 덥다. 에어컨을 갖춘 쇼핑몰 가게를 구해야 했다. 칸쿤 사람이 가장 많이 찾는 쇼핑몰부터 파악했다. 라스 아메리카스las ameicas 쇼핑몰이다. 식사, 영화, 치과, 미용실, 대형 놀이방, 쇼핑까지 갖춘 핫한 쇼핑몰이다.

집중하는 것이 무어냐에 따라 보는 것도 달라지는 것 같다. 그동안 보이지 않던 잡화점 가게만 눈에 들어오고, 내부에 전시된 물건의 제조사가 미국인지, 동남아인지, 라벨 확인까지 한다. 쇼핑몰엔 생각했던 것보다 잡화점 가게가 많았다. 브랜드에 따라 가게를 찾는 고객 수도 달랐다. 나이키 등 유명브랜드 가게는 문전성시였다. 그런데 핫한 쇼핑몰답게 2바퀴를 돌아봐도 빈 가게가 없다. 관리 사무실을 찾아 임대 매장이 있는지 확인했다. 계약 기간이 얼마 남지 않은 가게가 있지만 재계약 의사를 피력했고,

빈 가게가 언제 나올지는 모른다고 했다. 슬쩍 가게 임대료를 물었더니 생각했던 것보다 어마어마했다. '하루에 대체 얼마를 팔아야 한단 말인가? 가게 월세라도 제대로 낼 수 있을까? 종업원 월급은?' 머리가 급하게 회전한다. 처음 생각했던 예산보다 훨씬 많은 돈이 필요했다. 외국에 살다 보면 경제적 도움을 받을 곳이 없다. 돈 빌릴 은행이 있는 것도 아니고, 돈 빌려줄 부모나 지인이 있는 것도 아니다. 오로지 모든 것을 나 혼자 해결해야 한다.

라스 아메리카스 쇼핑몰 입지는 최고였지만, 가지고 있는 예산에 비해 힘에 겨웠다. 차선책을 찾아야 했다. 차선책의 가게는 메르까도 28_{mercado 28}이다. 쇼핑몰은 정사각형 형태로 되어있었고 가운데 부분이 주차장이었으며 주차장 주위가 가게였다. 라스 아메리카스보다 유동 인구는 적었지만 그래도 주변에 현지인 거주 지역이 밀집해 있었다. 헬로키티 가게 옆이 비어 있었다. 헬로키티는 멕시코에서 최고 인기였다. 키티 가게에 온 손님을 자연스럽게 내 가게로 유도하면 좋을 듯했다. 다행히 주변에는 향수 가게, 식당, 관광상품 파는 가게들만 즐비했고 잡화점은 없었다.

건물주는 전형적인 스페인계통 사람이었다. 얼굴이 이렇게 하얀 사람은 처음 본다. 귀티가 난다는 말은 이럴 때 하는 것 같다. 주인의 아우라에 눌려 임차 서류에 사인하는 기분이었다. 가게는 바깥에서 보는 것보다 훨씬 좋았다. 우선 인테리어가 필요했다. 한 푼이라도 아껴야 했기에 인테리어를 업자에게 맡길 수 없었다. 절박하면 모든 것이 가능해졌다. 페인트칠을 하고 벽면에

합판을 붙이고 카운터 테이블을 세팅하고 물건 창고도 만들었다. 대학 시절 타일 공사 등 갖은 아르바이트 경험이 유용했다. 하나 씩 정리되어 가니 기분까지 상쾌했다. 마지막으로 간판 업자를 불렀다. 가게 이름은 '친구사랑Amor de amigo'으로 했다. 한글과 스 페인어를 같이 사용한 이유는 호기심 자극이었다. 한글 간판이 궁금증 유발만 주어도 절반의 성공이다.

　인테리어를 마감하고 도착한 물건들을 정리하고 있었다. 밤 늦 은 시간이었다. 오늘과 내일 중으로 가게 세팅을 마무리해야 주 말에 오픈할 수 있다.

　두둥… 드디어 오픈이다. 사람들이 몰려들기 시작한다. 한국 제 품이라 좋아했고, 한국 제품이라 믿어 주었다. 질 좋고 가격 알찬 한국 제품에 친절까지 더해지니 더 좋아했다. 덤으로 양말이라도 하나 얹어 주는 날에는 물건이 동이 났다. 찾은 손님은 친구를 데리고 왔고, 오빠를 데리고 왔고, 부모님을 데리고 왔다. 나는 그들에게 진심으로 대했다. 사람의 진심은 어디든 통했다. 첫 가게의 순항에 발맞춰, 나도 조금씩 멕시코 삶에 빠져들고 있었다.

영원한 이방인이라는
씁쓸함

가게는 서서히 자리를 잡아갔다. 어떨 때는 멕시코시티, 과달라하라에서 오는 물건이 늦게 도착해 가게 안이 며칠간 텅 비어 있는 경우도 있었다. 손님들은 가게 간판에 걸린 '친구사랑'이라는 한글이 무슨 의미인지 물었다. 의미를 듣고선 모자에 '친구사랑'이라는 글자를 새겨달라고 부탁하는 이도 있고, 어떤 이는 하얀색 티셔츠 위에다 부탁하기도 했다. 한글이 신기할 뿐 아니라 글자가 너무 예뻤다고 했다. 사실 중남미에서 친구Amigo라는 단어만 알아도 여행하는 데 문제가 없다. 친구라는 단어는 어디든 사용할 수 있다. 가게에서 물건을 에누리할 때도 '친구'라는 단어를 사용해서 '아미고 뽀르 파보르amigo, por favor'라고 이야기하면 되고, 어디 길을 물을 때도 먼저 "아미고amigo!"라고 부른 후 물으면 더 친근감 있게 대해준다. 식당에서도 마찬가지다.

가게가 조금씩 소문나고 있는 것 같아 정말 다행이었다. 하루는 즐거운 맘으로 평소처럼 출근길에 나섰다. 날씨까지 시원했다. 칸쿤에서 에어컨 없이 맞이하는 아침이 얼마 만인가. 가게 앞 주차장에 차를 정차하는데 왠지 모를 쎄한 느낌이 감돌았다. 쇠뭉치 열쇠를 풀며 가게 안을 들여다보는데 가게 안 물건이 반은 비어 있었다. 물건 중 운동복 대부분이 도난당했다. 가게는 쇠창살로 만든 문과 유리문 2개가 있었다. 나는 안전을 위해 쇠창살 문과 유리문 2개에 열쇠를 사용했다. 체인 열쇠는 절단하지 않고선 열 수가 없다. 더하여 쇼핑몰은 경비가 밤새 경계 근무를 서기 때문에 도둑이 들어올 수가 없다. 그런데 열쇠의 절단 흔적도 없이 도둑을 맞은 것이다. 인테리어 때 cctv라도 설치했다면 도둑을 잡을 수도 있었을 텐데 돈 몇 푼 아끼겠다고 설치하지 않은 것도 문제였다(당시 멕시코 가게는 cctv 설치가 거의 없었다).

현장 보전을 한 후, 변호사에게 전화를 걸었고 경찰서에도 신고했다. 경찰과 변호사는 동시에 방문했다. 그런데 경찰의 행동이 너무 무성의했다. 가게 사진만 몇 장 촬영하곤, 조사의뢰서에 사인을 요구했다. '뭘 이런 거 가지고 부산스럽게 전화했냐?'라는 표정이었다. 변호사는 "남, 경찰이 이곳에 보안 장치도 없고, 무엇보다 가게 주변까지 cctv가 없기 때문에 조사가 힘들대"라며 경찰과 나눈 이야기를 알려준다. 아니, 이런 무책임한 발언이 어디 있단 말인가. 내가 외국인이라고 이렇게까지 대충할 수 있단 말인가? 변호사는 그런 건 절대 아니라고 했지만 화가 난다. 어디에서도 증거를 찾을 방법이 없다고 한다. 지문채취 같은 거라도 하면 안 되냐고 묻자 하루에도 손님이 수십 명 들락거리고,

물건도 한두 명이 만진 것이 아닌데 어떻게 지문 채취를 하냐며 불가능하다고 한다. 내 편인 줄 알았던 변호사도 멕시코 사람 그 이상도 그 이하도 아니었다. 그런데 불현듯 심증이 가는 누군가가 직감적으로 떠올랐다. 갑자기 왜 그의 얼굴이 떠올랐는진 모르겠다. 하지만 심증은 심증일 뿐 정확한 증거도 없으니 여기까지만 생각하기로 했다.

시련이 있은 후 외국에 사는 나는 영원히 이방인이라는 사실에 쓸쓸했다. 이번 기회로 내가 더 조심하고 철저해져야겠다고 생각했다. 가게 물건을 새롭게 채웠다. 그리고 가게 열쇠는 더 특수하게 강화했다. 그러자 폐업 전까지 더 이상 도둑은 없었다. 나는 칸쿤에서의 첫 번째 시련을 또 그렇게 극복했다. 칸쿤은 넘어지면 일어나야 하는 마지막 보루였기 때문이다.

주말 장사로 정신없던 어느 날, 변호사 '찰리'가 찾아왔다. 아내가 일하고 싶어 한다며 종업원이 필요하지 않냐는 것이다. 사실 하루 종일 가게에 매달려 있으니 은행 업무 등 개인적인 일을 전혀 할 수 없었다(아내도 한국에서 아직 돌아오지 않았다). 점심시간부터 오후 시간대에 종업원을 잠시 두면 어떨까 했다. 무엇보다 의무적으로 현지인을 고용해야 하는 법규도 있었다. 할 수 없이 '종업원 구함'이라는 문구를 붙였다. 그런데 일하겠다고 찾아오는 사람들이 하나같이 믿음직스럽지 않았다. 처음 찾아온 17살 고등학생은 주말만 가능하다며 으름장을 놓고선 고용을 압박했다. 정말 어이가 없었다. 분명히 평일 13~17시까지라고 적어놓

있는데 문구도 제대로 보질 않는다. 두 번째로 찾아온 남학생은 눈빛이 너무 무서웠다. 고용했다가는 항상 긴장하고 있어야 할 것 같았다.

당시 멕시코시티 한인 가게에는 현지 종업원 고용으로 인한 사건 사고 발생이 빈번했다. 한인 신문에선 총기사고로 가게 주인이 총상을 입었다는 기사도 있었고, 아이디어 상품으로 대박을 낸 한인의 이권을 빼앗기 위해 멕시코 갱단이 개입하여 한인의 죽음으로 마무리되었다는 기사도 있었고, 어떤 여종업원은 금고 위치를 파악하곤, 남자 친구에게 알려 금고를 갈취했다는 기사까지 분위기가 살벌했다.

여러 번의 면접은 시간만 낭비했다. 내 불안함이 만들어낸 결과이기도 했다. 아무것도 모를 때는 괜찮았는데 이런저런 기사와 사람들의 말을 듣고 나니 색안경을 끼고 사람들을 보게 되었다. 결국 믿는 사람을 고용하는 게 나을 듯했다. 설마 변호사 사모님인데 가게 물건을 빼돌린다든지, 금고에 손을 댄다든지 하는 일은 없을 것 같았고 내 목숨(?)도 안전할 것 같았다. 다행히 찰리의 아내는 변호사 사모라는 권위 의식 없이 일을 잘해주는 듯했다.

그러던 어느 금요일 오후에 전화가 왔다. 찰리의 아내였다. 몸이 불편해서 오늘 일찍 퇴근하고 싶단다. 그런데 이런 조기 퇴근이 한두 번이 아니었다. 점점 편한 대로 생각하고 편한 대로 행동하며, 불성실까지 한 멕시코 사람들의 특성이 보이기 시작했다. 찰리의 체면도 있고 해서 주급도 더 챙겨주었고, 더하여 청소 같은 것을 시키지도 않았다. 그저 내가 없는 시간 동안 가게를 지켜주는 것이 전부였다. 더 이상 같이 일을 할 수가 없었다. 굳이 내가 스트레스를 받고 견딜 필요도 없었다. 찰리에게 잡다한 이유를 말하는 것도 불편했다. 가게 매출이 떨어져서 당분간 고용을 끊어야겠다는 말로 정리했다. 그리고 법적인 의무고용 부분은 네가 변호사니 나중에 문제 생기면 알아서 해달라고 부탁했다. 변호사 사모님과의 불편한 고용 관계는 그렇게 마무리되었다. 가게 도난, 찰리 아내와의 관계 등 멕시코 삶도 조금씩 균열이 생기기 시작했다. 멕시코도 결국 사람 사는 곳이었다. 영원히 좋을 것 같아도 영원한 건 없었다. 알면서도 우린, 나에게만은 모든 것이 영원하길 바란다. 어쩌면 것도 욕심일 뿐….

세금을 안 내면
전기선을 끊어버리는 나라

집에 전기가 들어오지 않는다. 창을 통해 보이는 다른 집들은 모두 환하다. 두꺼비집이 내려갔나 싶어 확인해보니 두꺼비집도 그대로였다. 스위치란 스위치는 다 점검했지만 도무지 이유를 알 수가 없었다. 곰곰이 생각해보니 전기요금 통지서를 보았던 것 같은데 깜빡하고 납부를 안 한 것 같다. 그렇다고 설마 전기를 끊을까? 각 호수별 전기선이 모여 있는 아파트 입구로 가보았다. 헐, 우리집 전기선이 잘려져 있었다. 멕시코는 정말 무서운(?) 나라다. 나중에 안 사실이지만, 워낙 세금을 내지 않는 민족성 탓에 조금만 연체되면 다 끊어버린다고 한다. 수도도 전기도 봐주는 것이 없다고 한다. 즉 불편을 직접 겪어봐야 행동으로 이어진다는 것이다.

다음 날 아침, 전기세를 납부하러 갔다. 그런데 내부는 들어갈 수 없을 정도로 복잡했고, 밖에도 사람들 천지다. 화단 주변에까지 옹기종기 앉아 있다. 너무 더워서 뒷목이 멍할 정도다. 아무리

둘러봐도 번호표 뽑는 곳이 없다. 사람들은 무상무념인 채 긴 줄을 이어가고 있었다. 줄 선 순서대로 일이 처리되었다. 아직 번호표 없는 세상이 있다니…. 밖에 있는 사람들도 마구잡이로 앉아 있는 것 같지만 다 순서가 정해져 있었다. 밖에서 기다리려면 마지막 사람을 물어본 후에 그다음 순서가 나임을 찜해놓는 수밖에 없었다. "울띠모ultimo(마지막)!"를 외치니, 황토색 플라스틱 슬리퍼 차림에 모자를 꾹 눌러쓴 아저씨가 손을 든다. 내 순서는 바로 저 아저씨 뒤다. 고스란히 더위를 감내하는데도 누구 하나 불평불만을 하지 않는다. 정말 대단한 나라다. 체념인가, 포기인가. 이럴 때 보면 멕시코 사람들은 정말 우직하다.

2시간은 정말 길었다. 기다리는 게 귀찮다고 전기세를 내지 않으면, 오늘 저녁도 답답하게 보내야 한다. 난 속도를 내라며 창구 쪽 여직원에게 분노 섞인 레이저 눈빛을 주었다. 그런데 여직원이 갑자기 사라졌다. 한참을 기다려도 나타나질 않는다. 자리에 앉아 기다린 것도 아니고 서서 꼬박 2시간을 기다렸는데 속에서 뜨거운 기운이 북받쳐 오른다. 긴 한숨이 나오고 화까지 치밀어 오른다. 이상한 건 나 혼자만 울그락불그락이었다. 누구도 불평하지 않는다. 난 바로 앞 멕시칸에게 눈짓 손짓으로 직원의 행방을 알아보지만, 그도 모르겠다는 제스처만 취할 뿐 아무 반응이 없었다.

10여 분의 기다림 후, 좀전의 낯익은 직원은 어디로 가버렸고, 다른 직원이 자리에 앉았다. 근무 교대였다. 하지만 10분이나 늦은 교대 근무자는 전혀 서두르지 않는다. 직원은 급기야 개인 전화까지 받으며 웃음의 대화를 시작했다. 흘깃거리며 기다리는 사람을 보지만 전혀 미안해하지 않는다. 울분의 시간을 보내고 드디어 내 차례다. 전기세를 냈고 언제 연결되냐고 물었다. 빠르면 내일이란다. 전기세를 냈으니 오늘 연결해달라고 떼를 쓰니 최대한 시도해 보겠지만 하루 정도 기다리라는 말만 앵무새처럼 되풀이한다.

　그로부터 이틀이 지나서야 겨우 전기가 이어졌다. 전기세 한 번 내지 않았다고 너무나 혹독한 경험을 했다. 경험도 경험이지만 멕시코 사람들의 문화와 습성을 진저리나게 겪었다. 난 이 사건 후 멕시코에서 나오는 전기세, 수도세 등 세금이라는 세금은 통지서를 받자마자 바로 납부해 버렸다.

　이러다 보니 통지서에 더 민감해지고 납부 날짜를 철저하게 지키는 긍정적인 면도 생기긴 했다. 혹여 납부서가 제날짜에 도착하지 않으면 직접 사무실로 가서 납부하기도 했다. 사람들은 호된 경험을 하고 나면 자신만의 철저한 노하우를 만들어 간다. 난 칸쿤에서의 호된 경험으로 내가 살아갈 나만의 방식을 철저하게 만들어 가고 있었다.

나 홀로
운전 고군분투기

칸쿤의 교통 시스템은 최악이었다. 지하철도 없고 택시로 이동하는 것도 쉽지 않다. 40도가 육박하는 기온임에도 택시와 시내버스에 에어컨이 없다. 그래도 에어컨이 없는 것에는 적응해 보려 했다. 그런데 마트에 가는 것이 문제였다. 더위에 택시나 시내버스를 타고, 기다리고, 다시 집에 돌아오면 거의 반나절이 필요했다. 한번 갔다 오면 온몸이 땀범벅이다. 마치 중노동하고 온 것 같다.

결국, 차 구매로 눈을 돌렸다. 외국인이 차를 구매하고, 한국 면허증으로 운전하는 것도 가능했다. 내 형편에 새 차를 살 수도 없었지만, 돈벌이가 정확하지 않은 외국인에게 새 차를 할부로 건넬 회사도 없었다. 알고 지내는 멕시칸들에게 SOS를 보내니 차를 잘 구매하려면 중고매매상사는 절대 가지 말란다. 이건 또 무슨 말인가. 새 차를 구매하지 않으면 중고찬데, 중고차를 사려면 당연히 중고시장에 가야지, 중고시장에 가지 않으면 어딜 가야 한단 말인가.

　띠앙기스tianguis(시장)라는 곳이 있었다. 일요일마다 열리는 직거래 중고시장이다. 딜러가 있는 중고매매상사보다 직거래 중고시장의 거래가 활발했다. 중고매매상사(딜러가 있는 시장)의 차들은 오랜 시간 정차해 있었고 사고가 난 차인지, 물에 잠긴 차인지 알 수가 없기 때문에 신뢰도가 떨어졌다. 하지만 직거래 시장 차들은 현재도 운행 중인 차들이기 때문에 좀 더 신뢰할 수 있었다. 거리를 다니다보면 'Se Vende(for sale)'라고 스티커를 붙이고 다니는 차들이 많다. 그 차들이 다 모인 것 같았다. 이건 뭐 축제장을 방불케 했다. 모든 가족이 나와서 돗자리를 깔고 음식을 먹으며 담소를 나눈다. 외국인이 지나가도 관심 하나 주지 않는다. 차를 팔러 나온 건지, 그냥 가족끼리 소풍 나온 건지 알 수 없을 정도다.

　멕시코에는 2016년 기아차 생산 공장을 만들기 전까진 한국 자동차 생산 공장이 없었다. 즉 2016년 전까지 한국 차는 거의 볼 수가 없었으며 거리 대부분을 일본 차가 점유하고 있었다. 시장에도 일본 차가 대부분이었다. 나는 닛산 쓰루Tsuru가 좋아 보였다. 쓰루는 택시로 인기 있었기 때문에 나중에 팔기도 쉬울 것 같았다. 관심을 가져보면 색깔이 마음에 들지 않고 색깔이 마음에 들면 가지고 있는 예산보다 비싸서 망설이게 되었다. 중고차 가격이 생각보다 너무 비쌌다. 닛산 쓰루도 10년 지난 차가 원화로 6백만 원이 넘는다. 오늘은 일단 분위기만 보는 걸로 하고 철수하기로 한다.

　일요일에 차를 구매하지 않았다니 멕시칸 친구가 '차 주인이 몇 번 바뀌었는지도 확인해라, 차 주인이 자주 바뀌었다는 것은 차에 뭔가 문제가 있다'는 것으로 의심해야 한다며 다시 주의를 주었다. 타국에서 겪는 힘듦의 연속 때문인지 작은 말 한마디에 평소보다 더 큰 감동을 받게 된다. 이런 말 한마디는 외국 생활에서 큰 위로고 고마움이었다.

　다시 중고차 시장을 찾았다. 오늘은 차들이 길거리까지 즐비했다. 지난주보다 차들이 훨씬 많았고, 특히 내가 사려는 닛산 쓰루가 많았다. 와인색, 초록색, 하얀색 등 멀리서 봐도 다양한 색깔이 보였다. 그런데 유독 초록색 차에 눈이 간다. 시장을 한번 돌고 두 번을 돌아도 다른 색깔보다 초록색 차가 마음에 들었다. 가격, 판매하는 사람들의 인상 등 모든 것이 마음에 들었다.

　"좀 깎아주면 안 돼요?"

　차 주인은 내 흥정에 10원의 에누리도 없이 단호했다. 자신이 애지중지하던 차였고, 모든 부속까지 다 새것으로 갈았기 때문에 절대 깎아줄 수 없다는 것이다. 부모를 따라나선 아이에게 사탕 2개를 건넸다. 엄마의 눈치를 살피던 아이는 허락의 눈빛을 받자 쭈뼛하면서도 이내 사탕을 받는다.

　"한국 사탕이야, 아저씬 한국에서 왔고 멕시코 칸쿤이 너무 좋단다."

　동그랗고 맑은 눈매가 너무나 예쁜 아이였다.

"얼마 정도 깎아주면 살 건데?"

이번에는 아이의 엄마가 물었다. 그렇게 20만 원을 아꼈다. 사
탕 한 알에 10만 원씩 에누리한 셈이었다. 8년 지난 차였지만 내
가 2번째 주인이었다. 돈을 건네고, 차 등록증에 전 주인과 내가
사인하는 것으로 팔고 사는 절차가 마무리되었다. 출고 8년 지난
수동변속기어 닛산 쓰루다. 수동변속기어는 한국 면허학원에서
운전해보고 처음이었다. 기어를 변속할 때마다 차가 크게 꿀렁인
다. 2단으로 천천히 아주 조심스럽게 집까지 이동했다. 마트, 전
화국 등 칸쿤의 동선 속 장소들이 머리를 지나친다. 뿌듯했다. 이
제 에어컨 틀고 내 차로 편하게 갈 수 있다.

수동기어는 좀체 익숙해지지 않는다. 쇼핑몰 지하에서 지상으로 올라오니 도로에 차들이 쏜살같이 달린다. 차가 오지 않는다. 출발하려는데 시동이 꺼져버렸다. 클러치를 너무 빨리 떼는 바람에 시동이 꺼져버린 것이다. 벌써 몇 번째인지 모른다. 차를 구입한 지 1달여 지났으니 이제 익숙할 만도 한데 오르막길만 만나면 항상 이렇다. 이제 운행 중엔 오르막길만 눈에 들어온다. 혹시 오르막길 신호등에서 멈추기라도 하면 출발 전까지 발이 덜덜 떨린다. 집으로 오는 길에 모든 것을 탈탈 털린 기분이다. 온 신경을 운전에만 몰입했더니 극도로 피곤했다. 날씨는 더웠고, 온몸은 운전 긴장감으로 뻣뻣해져 완전히 탈진상태다.

다음 날, 한산한 칸쿤 외곽으로 이동했다. 오늘은 제대로 연습해서 마스터해야겠다. 피하면서 겁만 먹을 수는 없었다. 도전해 마스터하지 않으면 운전할 때마다 불편하기 때문에 오늘 꼭 마무리해야 했다.

살다 보면 아무것도 아닌 것에 목숨을 걸기도 한다. 나도 아무것도 아닌 수동변속기어에 한동안 목숨 거는 기분으로 힘겹게 살았다. 알고 보면 아무것도 아니었는데 말이다. 내일부터는 편하게 운전할 수 있다. 마무리하고 나면 이렇게 편한데, 미루고 어려워만 하면서 매일의 힘듦을 연장하지 말자고 다짐해 본다.

잡화점에
올인하기로 하다

칸쿤의 더위는 이른 새벽부터 시작된다. 정말 덥다. 간단하게 샤워를 하고 아내가 차려준 아침으로 출근길을 서둘렀다. 칸쿤이 아무리 무더워도 부둥켜안을 가족이 있어 좋다. 찌뿌둥한 몸이지만 시동 소리는 경쾌하다. 미끄러지듯 도로를 달려 눈 깜짝할 새에 가게에 도착했다. 힘차게 가게 문을 열자 더운 기운이 훅하고 달려든다. 환기부터 시켰다. 가게를 쓸고 닦고 나니 온몸이 땀범벅이다. 에어컨을 켜고 열정적인 멕시코 음악을 튼다. 음악에 맞춰 살사 흉내도 내본다.

"올라Hola!"

드디어 개시다. 며칠 전 한국산 모자가 너무 맘에 든다며 2개나 샀던 멕시칸이었다. 단골을 만들기 위해선 손님을 기억하는 것도 중요하다.

"푸부fubu 트레이닝복은 얼마야?"

트레이닝복은 멕시코시티 한인분 공장에서 직접 가져오기 때

문에 다른 가게에 비해 저렴했다.

"아니, 가격이 너무 저렴한 거 아냐? 혹시 가짜야?"

"가짜일 리가 있어? 만약 가짜면 푸부(fubu) 업체에서 가만히 있겠다. 벌써 초상권 운운하며 난리 났지."

다른 가게에선 지금 가격의 2배다. 박리다매로 하고 싶어 알차게 팔았다. 첫 개시 손님은 트레이닝복 2개를 사갔다. 첫 손님이라 양말 2켤레를 덤으로 챙겨주었다. '카를로스'란 이름의 개시 손님은 가게의 단골이 되었다. 일주일마다 가게에 들러서는 신상품을 구매해주는 충성팬이 되었다. 나는 카를로스가 오면 "이거 사라, 저거 사라, 이게 신상품이다. 이 상품이 반응 좋다"라는 말 따위는 하지 않는다. 가게에 오는 손님들에겐 치근덕거리지 않는다는 게 내 영업방식이다. 껌딱지처럼 졸졸 따라다니며 설명도 하지 않는다. 관심을 가지되 들어오면 최대한 반갑게 인사하고 편하게 둘러보라고 이야기하는 정도다. 그렇게 편하게 해주다 보니 단골이 늘었다. 가게마다 특징이 있겠지만 나는 손님들에게 부담을 주지 않으려 했다. 어찌 되었든 단골은 내 의지와 상관없이 조금씩 생겨났다.

"오늘 좀 어때? 뭐라도 팔렸어? 쇼핑몰에 손님도 없고 휑하네."

옆 향수 가게 주인 찰리다. 가게는 오는 손님들만 기다려야 하니 가게 매출도 들어오는 손님들에 의해서 결정된다. 그러니 물건을 사든 안 사든 한번 온 손님에게 최선을 다해야 한다. 포근한 감정선을 느낀 손님은 다음에 꼭 들른다. 혼자가 아닌 친구를 데리고 말이다. 단골을 만드는 일은 그들의 감정선을 흔들리게 하는 진심 어린 정을 나누는 과정인 것 같다.

'한국인이 운영하는 가게, 특이한 물건, 질 좋은 물건이 가득한 가게'로 소문나면서 가게는 안정적인 궤도에 진입하고 있었으며, 그럭저럭 우리 가족의 밥줄을 해결해주고 있었다. 정말 다행스러운 일이었다. 말 한마디 통하지 않는 외국에서 밥 먹고 살 수 있다는 것도 큰 행운이었다. 하지만 고개만 돌리면 다가오는 월세, 쟁여놓아도 부족한 물건과 물건값, 더하여 생활비까지 쓰고 나면 한 달이 빠듯했다.

사람은 살 만하면 항상 더 큰 욕심을 부린다. 처음 멕시코에 정착할 때는 먹고살 수만 있으면 좋겠다고 생각했고, 도매 다닐 땐 내 가게 하나만 있었으면 했고, 내 가게를 차리고 나니 손님이 오지 않으면 손님이 오지 않는 것에 걱정하고, 손님이 너무 많이 오면 힘들다고 난리다. 손님이 많이 와도 지금 가게로는 우리의 멕시코 삶을 더 풍요롭게 만들 수가 없었다. 또 다른 선택적 결정이 필요했다.

그때 옆 가게가 임대로 나왔다. 내가 임차해서 한국 음식을 팔아보면 어떨까 싶었다. 내부 시설은 간단하게 하고, 멕시칸들이 좋아할 만한 음식들을 팔아보는 것이다. 안 되면 말고! 하지만 막상 가게를 하겠다고 계약을 하니 앞이 막막했다. 어디서부터 손을 대야 할지 모르겠다. 아무리 간단한 내부 시설이라지만 조리 시설이나 테이블 몇 개 정도는 갖추어야 했다. 돌이켜보면 평소 음식을 제대로 해보지도 않았으면서 용기인지 과용인지 과신인지 알 수가 없다. 하지만 확실했던 것은 이대로는 안 된다는 것이었고 또 다른 변화의 실천으로 현재의 삶을 벗어나고 싶은 마음이 강했다.

간절히 원하면 이뤄진다던가. 폐업한 가게에서 딱 어울릴 만한 테이블을 구할 수 있었다. 가격도 저렴했다. 세팅하니 제법 그럴싸했다. 가게를 세팅하고 구조를 갖추는 동안 양념을 더 넣어보기도 하고 덜 넣어보기도 하면서 매일 음식 만드는 연습을 반복했다. 다행히 시골 어머님의 손맛이 내 손에도 남아 있었다. 한 달여를 준비하면서 최종적으로 김밥, 간장 닭날개 튀김 요리를 선택했다. 김밥은 단무지 대신 하루 정도 절인 오이를 넣었고 누드김밥으로 하되 한국식처럼 둥글게 만들지 않고 사각형으로 만들었다.

개업 첫날은 정신없이 지나버렸다. 음식은 과할 정도로 반응이 좋았다. 잡화점보다 김밥집이 더 대박 날 것 같았다. 그런데 오픈빨이었을까? 반짝였던 손님이 급격히 줄기 시작했다. 파리만 날렸다. 앉아서 기다릴 수만은 없었다. 김밥을 만들어 발품으로라도 팔아야 했다. 거의 매일 찾는 단골손님에게 무엇이 문제인지 물었지만 대답이 없었다. 김밥을 직접 만들어 가게마다 돌아다녔다. 사는 사람보다 고개를 흔드는 사람이 더 많았다. 고개를 흔드는 사람들에게 솔직한 이유를 물었다. 김밥 1줄 살 돈이면 싼 멕시코 음식을 사 먹는 게 낫다는 것이었다. 호기심에 한두 번은 먹을 수 있지만, 그들에게 음식은 곧 삶이었다.

그들의 삶에선 질보다 양이었다. 멕시코에서 수입품인 김은 비싸다. 멕시코 쌀은 찰기가 없는 안남미 쌀이다. 김밥을 위해선 찰진 일본 쌀을 사용해야 한다. 그것도 수입품이다. 결국 지금 파는 김밥 가격을 더 낮추면 팔 때마다 적자다. 방법을 찾아야 했다. 그런데 간장 닭날개 튀김의 진간장도 수입품이다. 나는 단가가 맞지 않는 수입품을 주재료로 쓰고 있었다. 그리고 지금의 가게는 주로 칸쿤의 서민층이 찾는 곳이다. 즉 가게 음식과 고객층이 맞지 않았다. 음식의 질적인 면을 고려했다면 고급 쇼핑몰에 가게를 오픈했어야 했다. 김밥집의 스트레스는 친구사랑 잡화점까지 영향을 미쳤다. 친구사랑의 매출도 떨어지기 시작했다. 두 마리 토끼를 잡으려다 다 놓치는 격이 되어 버렸다.

김밥천국은 인건비는 고사하고 월세 내기도 빠듯했다. 결국 가격까지 낮추는 초강수를 두었지만 한번 돌아선 손님들은 더 이상 방문하지 않았다. 오픈 3개월 만에 폐업처리 절차를 밟았다. 폐업은 큰 충격이었다. 아내는 나를 위로했지만, 마음 한편으로 씁쓸함이 몰려왔다. 실패는 성공의 어머니라고 하지만 오늘 실패로 멕시코에서의 삶이 흔들거렸다. 하지만 돌파구를 찾아야 한다. 더 흔들거리지 않기 위해 잡화점에 올인해야 했다. 살다 보면 욕심과 허영심이 실패라는 늪으로 안내하는 경우가 있다. 그럴 때마다 평정심의 나를 만들어 갈 필요가 있다. 반을 실패한 오늘이 새로운 평정심을 찾을 때였다.

좀도둑들의
소굴이 된 잡화점

　지난번 가게 도난사건의 범인은 잡히지 않았다. 그 이후 경찰서에선 어떠한 조치나 연락도 없다. 경찰서를 몇 번 찾아가 진행 상황을 물었지만 귀찮다는 듯 '지금 열심히 찾고 있다'는 말만 반복할 뿐이었다. 나를 지치게 하려는 의도인 것 같았다. 결국 그들이 원하는 대로 포기를 결정했다. 답도 없는 일에 에너지를 낭비하고 싶진 않았다. 저들은 애초에 해결할 의도도 없어 보였다.

　도둑이 들었다는 소문은 쇼핑몰 가게들로 전해졌다. 다른 가게에 경각심을 불러일으킨 것이 다행이라면 다행이었다. 주변 가게들은 안전장치 마련에 고심들이었다. 큰 폭풍이 몰아친 후 가게는 다시 안정을 찾았다. 나도 지나간 일에 연연하고 싶지 않았다. 엎질러진 물을 아무리 주워 담으려 노력해도 별로 담기지도 않고, 물 때문에 주위만 더러워지기 때문이다. 다행히 도난사건 이후, 한국인이 운영하는 가게로 더 많이 알려졌다. 도난이 홍보 역할을 톡톡히 했으니 그나마 다행이었다.

가게는 더 많은 사람이 찾기 시작했다. 이제 학생들도 찾아왔다. 학생들은 유행하는 물건을 알려주며, 이런 물건을 배치하면 장사가 잘될 거라는 조언까지 해주었다. 학생들이 원하는 물건을 멕시코 시티와 과달라하라에 의뢰해 샘플 형식으로 비치했다. 정말 갖다 놓는 대로 동이 났다. 그런데 이렇게 학생들을 불러들이는 것이 독이 될 줄은 몰랐다. 그 독이 얼마나 쓴지도 알지 못했다.

계속해서 학생들은 늘어났다. 어떤 날에는 10여 명 가까이 몰려들기도 했다. 종업원이 출근하지 않는 시간엔 나 혼자서 감당해야 했다. 어떨 땐 가격만 물어보고 아무도 구매하지 않았다. 그런데 밀물처럼 들어왔다가 썰물처럼 빠져나가고 나면 꼭 물건 몇 개가 없어졌다. 어떨 때는 3~4명이 나를 에워싸곤 가격이 얼마냐 (가격표가 붙어 있음에도), 다른 색상은 없느냐며 계속 질문을 했다. 에워싸여 있으니 다른 쪽 학생들이 전혀 보이지 않았다. 아이들을 의심하고 싶지 않았지만, 아이들은 조직적으로 움직였다. 한 팀은 나에게 말을 걸고 다른 팀은 손으로 쥐기에 편한 물건들을 훔치고 있었다. 현장에서 잡지 못했기 때문에 발만 구를 뿐이었다. 이후부터 학생들이 몰려오면 초긴장이었다. 그렇다고 나갈 때 뒤져볼 수도 없고 잡히지 않는 현장범 때문에 스트레스가 장난 아니었다.

집에서 휴식을 취한 후, 근무교대를 위해 가게에 들렀다. 종업원이 나를 보자 울고불고 난리가 났다. 깜빡 한눈파는 사이 학생들이 물건을 훔쳐 갔다는 것이다. 처음 있는 일이니 나는 괜찮다며 위로를 건넸다. 그런데 2~3일에 한 번씩 이런 일이 발생했다. 그것도 제일 훔쳐가기 어려운 트레이닝복 한 벌을 말이다. 종업원이 바뀌자마자 가게에서 제일 비싼 물건만 없어지니 종업원을 의심할 수밖에 없었다.

향수 가게 찰리에게 그동안의 일들을 의논했다. 찰리는 '절대 종업원을 믿지 말 것, 금고 돈은 항상 수거하고 잔돈만 둘 것, 가게를 오랜 시간 비워두지 말 것, 가게에 사람이 많이 들어올 때는 종업원과 같은 방향이 아닌 반대 방향에 있을 것, 마지막으로 누구도 의심하는 듯한 표정을 짓지 말 것(이럴때 원한으로 이어질 수 있다)' 등 몇 가지 조언을 주었다. 계속되는 좀도둑 때문에 머리가 아플 지경이었다. 결국 가게 매출이 줄어들어 월세 내기도 어렵다는 뻔한 거짓말로 종업원과의 관계를 또 정리했다. 어떤 이유든 정리하고 나면 맘이 씁쓸했다.

어느 날, 학생인 듯한 멕시칸 1명이 들어왔다. 들어올 때부터 인사도 없고, 찾는 물건에 대한 도움도 바라지 않았다. 가게만 둘러보았다. 몇 분이 지난 후 그냥 나갔다. 그런데 트레이닝복 진열대 부분이 흐트러져 있었다. 직감적으로 도둑임을 감지했다. 현장범을 잡을 기회였다. 여지껏 참았지만 오늘은 결판을 내고 싶었다. 앞서 걸어가던 멕시칸은 나를 보자 달리기 시작했다. 나도 달렸다. 쫓아가는 나를 보고 향수 가게 찰리도 달려 나왔다. 추격전이다. 나보다 나이 많은 찰리는 나를 앞질러 달렸다. 그렇게 수

백 미터의 추격전 후 멕시칸은 찰리 손에 잡혔다. 옷 안쪽에 감춘
트레이닝복 한 벌이 툭 떨어졌다. 현장에서 잡힌 것이다. 그때 지
나가던 경찰차가 멈추었다. 경찰까지 알게 하고 싶진 않았는데
지지리 운도 없게 멕시칸은 경찰차에 실려 후송되었다. 일이 커
져 버렸다. 그냥 겁만 주고 싶었는데 경찰서까지 후송되다니 일
이 너무 꼬였다. 찰리는 도둑을 잡아 다행이라 했지만, 난 마음이
찜찜했다.

　나는 언제나 이방인이다. 내가 운영하는 가게가 좀도둑들의 소
굴이 된 듯해서 찜찜했고, 사람들을 의심하며 항상 경계의 눈으

로 대하고 있는 내가 불안했다. 가게 운영을 지속할 것인지 말 것인지 계속 고민하는 날들이었다. 경찰차 창문을 통해 경멸스럽게 나를 바라보던 멕시칸 학생의 눈빛이 계속해서 떠올랐다.

가게는 적건 많건 매일 매출이 생긴다. 현금을 보관할 곳이 없었다. 집에 두기도 그렇고, 그렇다고 돈을 소지하고 다니기엔 더 위험했다. 할 수 없이 은행에 가서 순수하게 입출금만 가능한 통장을 만들었다. 그래도 매일 아침 출근해 가게 청소를 끝내고 은행에 들러 저축하는 것이 가장 큰 낙이었다. 조금씩 잔고가 늘어갈 때면 기분도 좋아졌다. 매일 같은 시간에 방문하다 보니 은행 직원과 가벼운 인사도 가능해졌다. 내게 호감을 가진 직원들은 나에 대한 신상 파악을 하기 시작했다. 그리고 그들은 결국 내 가게를 찾는 고객이 되었다. 나에 대한 호감 탓인지 그들도 가게 물건에 좋은 평을 해주었다. 물론 많은 물건이 그들의 구매로 이어졌다.

오늘도 호감 어린 마음으로 은행직원과 시시콜콜한 이야기를 나누고 있었다. 참고로 멕시코 은행은 직원과 손님 사이를 방탄유리로 가로막고 있다. 방탄유리 밑에 뚫린 곳으로 돈만 왔다 갔다 한다. 그래서 대화를 나누려면 유리 가까이 귀를 가져가야 말귀를 알아들을 수 있다. 집중해서 대화를 나누는 그때 귀가 찢어질 듯한 굉음이 들렸다.

'탕- 탕-'

갑자기 멍해지면서 몸이 자동적으로 엎드려졌다. 또 한 방의 총소리가 터졌다. 머리 깊은 곳에서 누군가 들리지도 않는 비명을 외치고 있다. 머리부터 발끝까지 부들부들 떨렸다. 웅성이는 소리에 실눈을 뜨니 발밖에 보이지 않는다. 두 사람이 쓰러져 있었다. 여자 한 명, 남자 한 명이었다. 남자는 경찰 옷을 입고 있었다. 바닥의 빨간색을 보자 무서웠다. 일단 자리를 피하고 싶었다. 더 이상 사고와 맞닥뜨리고 싶지 않았다. 오후 내내 은행 주변은 경찰차로 가득했다. 일대는 교통 마비 상태였다. 아직도 심장이 벌렁인다. 그 총이 나를 겨냥했다면… 생각만 해도 끔찍하다.

다음 날 신문엔 은행에서의 총기 사건이 메인 기사였다. 죽은 여자는 죽인 남자의 아내였고 불륜 현장을 목격하곤 아내를 미행하여 은행에서 사살하고 본인도 자살한 것이었다. 죽인 남자는 경찰관이었다. 시민들 피해가 없었던 것만도 천만다행이었다. 총기 사건을 내가 목격하다니! 지금도 그때를 생각하면 아찔하다. 이후 은행에 가지 않는다. 많지 않은 돈을 굳이 은행에 보관할 필요성이 없어졌다. 아니, 언제 어디서 일어날지 모르는 총기 사건에 내 목숨을 담보하고 싶지 않았다. 나쁜 기억은 강하다. 아무리 지우려 해도 지워지지 않는다. 지우려고 하면 더 강하고 깊게 파고든다. 상처는 지울 수 있지만, 흉터는 지울 수도 없다. 그날의 총기사건이 나에게 지워지지 않는 흉터가 아니길 바랄 뿐이다.

가게를
폐업하다

인간은 망각의 동물이라고 하는데 은행 총기 사건의 여파는 오래갔다. 가게를 찾는 손님도 줄어들기 시작했다. 총기 사건 후 쇼핑몰 자체를 찾는 손님도 줄었다. 뭔가라도 시도해야 했다. 손님이 가게에 오지 않는 것이 꼭 은행 사건 때문인지, 가게 물건의 다양성이 부족해서인지 알고 싶었다. 좀 더 큰 도시인 메리다로 가서 시장 상황을 보고 싶었다. 메리다 대형 쇼핑몰을 방문했다. 다양한 색상과 디자인을 갖춘 모자들이 많았다. 그동안 칸쿤 구석에서 내 물건만 고집했던 것 같다. 일단 샘플로 다양한 종류의 물건을 구매했다. 모자도 뒤편이 완전히 닫혀진 세라다cerrada 모자를 구입했다. 둘레가 고무밴딩이어서 착용감이 좋았다. 하지만 손님들은 샘플에 별 반응이 없었다. 겨우 단골들이 하나씩 구매해주는 정도였다. 물건을 야구복, 농구복, 럭비 등 명문 클럽들 옷으로 대체해보았다. 역시 예쁘다고만 하고 구매는 신통치 않았다. 가게는 점점 어려워졌다. 마치 허공 위를 아슬아슬하게 걷는

기분이었다.

　그러던 어느 날, K 사장님이 가게에 들렀다. K 사장님은 칸쿤에서 가장 오래 사신 분이다. 한국 사람이 아니라 멕시코 사람이다. 20년 넘게 산데다 멕시코 국적을 가졌으며, 사모님도 멕시코 사람, 아이들은 모두 스페인어만 구사하니 한국인이지만 멕시코 사람이나 마찬가지였다. 칸쿤에서 여행사를 운영하고 있었다. 본인 일정이 겹쳐서 그러니 공항에서 손님들만 받아 호텔 체크인 도와주고 저녁 식사만 케어해달라고 찾아온 것이었다. 5시쯤 손님들을 받고 저녁 식사 케어하는 데 일당 50불과 팁 20불 해서 총 70불을 주겠다고 했다.

"근데 저는 말주변도 없고 한 번도 남 앞에 나선 적이 없습니다."

70불이라는 돈은 솔깃했지만 사실은 사실이었다. 그럼에도 K 사장님은 물러서지 않았다. 칸쿤은 한국 사람이 없기 때문에 현지업을 하시는 분이 잠시 나와 호텔까지 모셔다 줄 거라고 다 말해놓았단다. 식사도 호텔식이기 때문에 신경 쓸 일이 없다는 것이다. 그냥 공항 픽업, 호텔 체크인만 잘 부탁한다고 했다. 잠깐 일하는 것 치고 이 정도 일당이면 꽤 괜찮았다. 물론 이때까지만 해도 가이드 일이 내 천직이 될 거라곤 상상도 못했다.

결국 가게를 폐업하기로 결정했다. 칸쿤에서 처음 내 가족의 생계를 이어주었던 가게다. 하지만 가게 매출이 순식간에 반토막 났다. 회복의 기미도 보이질 않았다. 물건을 쟁여놓아야 하지만 매달 생활을 해야 했다. 모아둔 잔고에서 매달 생활비가 빠져나가니 감당이 되질 않았다. 무엇보다 가이드 일이 끊임없이 들어왔다. K 사장님 일, 아내 후배에게 일감을 주는 멕시코시티 여행사에서의 일 등 칸쿤에 사는 한국 사람이 다 동원되어도 모자랄 정도의 일감이 쏟아져 들어왔다. 한국에서 중남미 여행 붐이 일어난 덕택이었다. 무엇보다 가이드 일은 밑천이 들어가지 않아서 좋았다. 내 몸만 고생하면 되었다. 하물며 먹는 밥값도 필요 없었다. 손님들이 골프를 원하면 골프장으로 안내만 해도 알아서 커미션을 주었고, 고급 레스토랑에선 손님들이 식사를 많이 하면

할수록 건네는 커미션이 두둑해졌다.

처음에는 잡화점과 가이드 일을 병행했다. 아르바이트처럼 가이드 일을 할 때는 내가 일하는 동안 와이프가 잠시 가게를 봐주었다. 그런데 가게 매출이 반으로 뚝 떨어지고 나니 가게 매출로는 월세를 내고 나면 남는 게 없었다. 결국 아내와 나는 재고 정리를 하고 폐업 결정을 내렸다.

건물주에게 계약해지 이야기를 하니 가게에 물건을 꽉꽉 채워 놓든지, 다양하게 물건을 바꾸어야지 고객층이 두터워진다는 조언을 준다. 물론 주인의 말도 맞다. 하지만 가이드 일을 하고 보니 굳이 월세, 재고, 원가를 따지면서까지 가게에 매달리고 싶지 않았다. 무엇보다 가이드 일이 재미있었다. 처음에는 입도 떨리고 말주변도 없어서 마이크 잡는 시간이 5분도 되질 않았지만, 점점 익숙해지며 진심으로 최선을 다하니 손님들도 좋아했다. 무엇보다 일감이 많으니 이건 뭐 노다지가 따로 없었다. 물론 이런 노다지가 언제까지 갈지 알 수 없지만 나중 일은 나중에 걱정하기로 하고 지금 최선을 다하기로 했다.

재고 정리 땐 단골손님들이 섭섭하다며 문을 닫지 말라고 협박(?)까지 했다. '친구사랑'에 애증을 주신 손님들에게 정말 감사했다. 간판을 내리는 날 마음이 쓸쓸했다. 큰 성공도 이루지 못한 채 허무하게 간판을 내리는 것 같아 만감이 교차했다. 가게에서 참 많은 일이 있었다. 손님들과 대화하며 빠르게 스페인어를 익힐 수 있었고, 멕시코 사람들의 내면을 들여다볼 수 있었고, 가정

이라는 울타리를 담금질할 수 있었다. 가게는 멕시코에서의 희로

애락이었다. 이민 초창기 든든한 버팀목이 되어준 '친구사랑'을

보며 쓸쓸히 퇴근하다 바라본 가로등 불빛이 유난히 찬란했다.

또 다른 칸쿤 라이프를 생각하니 마음이 설레기도 한다.

두 번째 집을
구하다

첫 집의 계약 기간이 끝나가자 아내는 더 깨끗한 집을 원했다. 이번에는 정식으로 부동산 사무실을 방문했다. 아내의 이야기를 들은 중개인은 맞춤형 집이 하나 있다며 바로 가보자고 했다. 입구는 철옹성처럼 웅장했다. 학교 입구처럼 거대한 철문을 수위가 열어주었다. 입구로 들어서자 눈이 돌아간다. 무릉도원에 들어온 것처럼 딴 세상이었다. 야자수, 수영장, 놀이터, 그네 등 모든 것을 갖춘 아름다운 곳이었다. 가운데 수영장을 끼고 빙 둘러서 3층짜리 빌라가 20채 정도 있었다. 각 층은 방 3개, 화장실 2개로 구성되어 있었다. 한국으로 따지면 32평 정도의 집이었다. 2층으로 안내되어 집으로 들어서니 거실 창문은 탁 트였고 바로 앞 수영장 물이 햇빛을 받아 더 푸르게 반짝였다. 첫 번째 집 수영장엔 물도 없었는데 이곳은 아니었다. 바닥 타일은 하얀색으로 깨끗했고 야자수로 만들어진 쉼터도 정갈했다. 마치 호텔 야외수영장처럼 아름다웠다. 안방에서 창문을 열어젖히자 제일 먼저 눈에 들어온 것은 수영장 뷰였다. 주방 시설도 깔끔했다. 이쁘게 보려니 모든 것이 다 좋아 보였다. 좋기는 너무 좋은데 수입에 비해 월세가 좀 지나쳤다. 원화로 68만 원 정도였다. 아직 수입이 안정적이지 않았지만, 아내는 두말할 것도 없이 찜이었다. 저질러 놓고 나면 어떻게 되겠지 싶어 계약서에 사인했다.

매일 아침이 기다려지는 정말 멋진 집이었다. 창가로 보이는 뷰도 너무 아름다웠다. 수영장에선 한가로이 수영을 즐기고 야자잎 쉼터 아래에선 비치 의자에 누워 선탠을 즐기기도 했다. 행복했다. 현실을 이리저리 재며 마음속으로만 전전긍긍하다 보면 결국 후회하는 삶을 살게 된다. 실행하고 아니다 싶으면 그때 후퇴해도 늦지 않다. 시도도 해보지 않고 생각만 하다 보면 시간 낭비에다 에너지 소비만 하게 된다. 사실 에너지는 육체적인 것뿐 아니라 정신적 에너지 소비가 훨씬 힘들다.

부엌에 있는 아내의 콧노래 소리가 듣기 좋다. 같은 공간에서 일어나는 행복은 전염된다. 같은 공간에서 일어나는 불행도 물론 전염된다. 이왕 사는 거 내 행복의 전염으로 더 활기차고 아름다운 삶을 살자고 다짐했다. 아내의 콧노래 하나만으로도 행복 바이러스가 퍼지는 행복한 집이다. 두 번째 집은 그렇게 나와 아내의 가슴속에 평화와 안정을 가져다주었다.

인터넷이 연결되지 않은 칸쿤에서의 삶은 자연인의 삶 그 자체였다. 한국의 소식은 근처 '인터넷 게임방'에나 가야 볼 수 있었다. 멕시코의 인터넷 게임방을 한국 같은 휘황찬란한 대형 PC

방으로 생각하면 절대 안 된다. 테이블에 컴퓨터가 10여 대 놓인 동네 게임방 정도다. 오랜 시간 기다려도 칸쿤 전화국에서 전화기 연결을 안 해준다. 아무리 재촉을 해도 기다리라고만 한다. 한국이 얼마나 인터넷 강국이며 서비스가 빠른 나라인지는 외국을 다녀봐야 안다. 여행사 업무를 하는 나는 전화선이 깔리지 않으면 팩스나 이메일을 받을 수 없고 일도 할 수 없다(이때만 해도 스마트폰을 사용하던 때가 아니었다). 전화선은 나의 생사와 연결된 생명선이나 마찬가지였다. 사정도 해보고 협박도 해보았지만 묵묵부답이다.

그러던 어느 날, 우연히 길거리에 주차된 전화국 차를 보았고 우리 부부는 누가 먼저랄 것도 없이 전화국 차가 주차된 집으로 무작정 발길을 옮겼다. 일단 부딪쳐보자는 심정이었다. 살다 보면 적극적인 시도와 부딪침이 좋은 결과를 안겨줄 때가 있다. 그런데 이런 우연이 있을까? 칸쿤 전화국 국장의 집이었다. 어쩌면 철옹성처럼 열리지 않을 것 같던 벽이 무너지고 있었다. 다행히 막무가내 돌진한 우리를 보고도 기분 나빠 하지 않았다. 빠른 일처리를 못 해줘 미안하다고까지 했다. 내일 출근하면 우리 집 전화선을 가장 먼저 처리해주겠다는 약속까지 받았다. 우리는 연신 고개를 숙이며 고마움을 표시했다. 살다 보면 간절함이 텔레파시처럼 통하듯 상대가 쉽게 응답을 줄 때가 있다. 절실함에 매달리다 보면 일이 성사되는 기적이 일어난다.

그동안 받지 못했던 팩스가 방 안 가득 밀려들어 온다. 팩스의 길이는 곧 돈의 길이다. 등가의 법칙처럼 돈의 길이도 잠시 주춤하다 균형을 이루고 있었다. 끊어졌던 인터넷의 불편함으로 더 많은 것을 얻었다. 외국인으로서 전화국 국장도 알게 되었다. 한번 사는 삶, 절실함과 소중함을 가지고 살기로 마음먹었다. 어쩌면 우리는 불편을 통해 더 큰 긍정의 아름다움을 얻을지도 모른다.

행복한 비명

'봇물이 터지는구나.'

이메일과 팩스가 정신없이 쌓인다. 손님 명단과 일정을 팩스로 받았다. 외출하고 돌아오니 방 안 가득 팩스 용지다. 한국, 미국, 브라질에서까지 손님들이 온단다. 일정을 아무리 맞춰 보아도 나 혼자선 감당이 안 된다. 이럴 때 아내 후배라도 있으면 좋겠는데 아내 후배는 미혼이고 자유로운 영혼이라 한국 방문 중이며 올 생각을 하지 않았다. 아내 후배가 한국행을 잠시 선택하는 동안 멕시코시티 여행사에서 보내는 일감을 혼자 맡게 되었고, 짧은 시간 동안 많은 양의 일을 하면서 가이드 일을 숙련되게 익힐 수 있었다. 처음 시작할 때 마이크 잡는 시간이 5분도 되지 않았지 만, 이제는 5시간 이상 잡을 수 있게 되었다. 사실 말을 많이 하지 않던 사람이 말을 많이 하면 뒷골이 바늘로 콕콕 찌르듯이 아프 다. 처음에는 1~2시간 이상 멘트를 하고 집에 오면 저녁 내내 머리가 아팠었다. 하지만 익숙해지니 5시간 이상 멘트를 해도 꿈쩍

하지 않는다. 사람의 습관이 이렇게 무섭다.

"당신이 일을 좀 해줘야겠어."

저녁을 먹으면서 아내에게 조심스럽게 말을 꺼냈다. 한참을 고민하던 아내가 고개를 끄덕였다. 그런데 아내가 일을 시작하려면 해결해야 하는 일이 많다. 먼저 아이들을 맡길 곳을 알아봐야 하고, 투어 장소도 견학해봐야 했다. 아내는 도와주겠다고 했지만 극도로 예민해졌다. 낯선 땅에서 아이를 맡기는 것이 스트레스였기 때문이다. 아직 말도 못 하는 애들을 어딘가에 맡긴다는 게 쉬운 일은 아니었다. 결국 찰리를 찾아갔다. 찰리는 본인이 알아서 해결해 줄 테니 걱정하지 말라며 오히려 일이 많아서 잘됐다는 격려를 했다. 본인들은 일하니 아이를 봐줄 수 없고 아내가 일하는 날 향수 가게 종업원이 보모 역할을 해주면 어떻겠냐고 했다. 향수 가게 종업원은 너무 사람이 좋았다. 아내도 종업원이 아이를 봐줄 수 있다면 너무 고마운 일이라고 했다.

일이 많아지면 덩달아 해결해야 할 일도 많다. 항상 공짜는 없는 것 같다. 희생이 있으면 희생만큼 보상이 주어지는 것이 살아가는 이치인 것 같다. 너무나 단순한 논리지만 그 단순한 논리가 가장 올바른 길인 것도 같다. 60명 단체 손님이 도착했다. 한 치의 실수도 없으려면 꼼꼼하게 체크해야 한다. 내가 이런 성격을 가진 줄 몰랐다. 가이드 일을 하면서 나의 새로운 면을 알게 되었다. 무슨 일이든 해보지 않고서는 내가 어떤 사람인지 자세히 알 수가 없다는 것도 알게 되었다. 얼토당토않은 일이라 생각해도 시도해보면 찰떡처럼 본인에게 맞는 일이 있다. 그래서 닥치는 대로 시도해보라는 말이 맞는 것 같다. 나는 철두철미했다. 식당, 버스, 날씨, 일정 모든 점검을 마무리했다. 철저하게 점검해도 어디서 사고가 터질지 모른다. 2박 3일 동안 사고 없이 깔끔하게 일정이 끝났으면 하는 마음이 간절했다. 차질없이 잘 마무리되면 본전이지만, 약간이라도 문제가 생기면 큰일이었다. 버스 한 대로는 움직일 수가 없었다. 1호 차는 내가, 2호 차는 아내가 맡았다. 어느 곳을 가든 60명이 한꺼번에 몰려다니니 가는 곳마다 한국 사람밖에 보이지 않는다.

마야 유적지 치첸이싸를 방문하면, 유적지 안내 현지인들은 한국 사람이 도착했다는 것을 금방 알아본다. 교복을 맞춘 듯 한국 사람들의 복장이 똑같기 때문이다. 등산복, 토시, 40도 무더위에도 입 주변을 가리는 천 가리개, 선글라스, 모자, 양산으로 마무리하는 복장이다. 따가운 햇볕에 살을 타지 않게 하려는 것은 이해하지만 반바지, 반팔 차림의 외국인이 한국 사람을 보면 외계에서 온 사람처럼 느낄 듯하다. 치첸이싸 투어 때 한국 사람은 유적지를 구경하는데, 외국인은 우리를 구경하는 웃지 못할 일이 발생한다. 구경하고 나오는데 유적지 직원이 한국 사람은 등산을 얼마나 좋아하기에 여기까지 입고 오냐는 질문을 던지는데 할 말이 없었다. 돌아오는 버스 안에서 이 이야기를 손님들께 들려주니 다들 박장대소한다. 투어를 마무리하고 공항에 배웅하니 김치 한 봉지씩을 건네준다. 사실 남미를 여행하는 20여 일 동안 손님

들에게 가장 소중한 것은 한국 음식이다. 칸쿤은 여행지 중 첫 지역이기 때문에 한국 음식 나눔이 쉽지 않다. 한국 음식만 평생 먹어온 사람들에게 외국 여행에서 가장 중요한 것이 김치다. 그런 소중한 김치를 너 나 할 것 없이 나눔해준다는 것은 쉽지 않다. 칸쿤 일정이 잘 마무리되었다는 것은, 공항에서 이별할 때 손님들의 반응을 보면 안다. 집에 돌아와 60개 봉지 김치를 통에 담으니 김장한 듯 뿌듯했다. 역시 한국인의 정 나눔은 끝이 없다.

하루는 과테말라 여행사에서 이메일이 왔다. 과테말라 한인들의 투어를 부탁하는 내용이었다. 과테말라에서 가족 단위로 36명의 한국 손님이 왔다. 물론 최고급 호텔에 최고급 투어까지 최상의 서비스를 해주었다. 나는 밑천 하나 들어가지 않는 가이드 일이 너무 좋았다. 만약 처음부터 이 일을 시작했다면 거부반응도 많았을 것이다. 하지만 가게를 해보면서 돈 벌기가 얼마나 어려운지 깨닫고 이 일을 하다 보니, 일이 몰려들고 돈이 벌리는 게 신기하기도 하고 고맙기도 했다. 이럴 때일수록 정말 초심으로 겸손해져야 한다. 소문은 소문을 만들어내는 것 같다. 칸쿤 여행의 전성기가 도래한 듯 손님들이 마구 밀려들었다.

LA에서 거주하는 한인들도 연락이 온다. 부부 4쌍인데 투어가 괜찮겠냐는 것이다. 안 될 이유가 없었다. 난 인원이 적으면 더 최선을 다했다. 투어 일정을 세팅하고 이분들이 도착하는 날, 마트에 들러 과일, 와인까지 사서 과일바구니를 만들었다. '칸쿤을 찾아줘서 고맙다, 즐거운 여행 되시길 바란다'며 직접 쓴 편지까지

세팅했다. 다음 날 사모님들은 감동이라며 난리가 났다. 마음을 열고 최선을 다하니 소개로 찾는 손님들은 더 늘 수밖에 없었다. 아내와 나는 마치 돈벼락을 맞는 기분이었다. 일이 재미있으니 돈도 같이 벌렸다. 주어진 일에 성심을 다해 최선을 다하면 결국 복이 저절로 몰려오는 것을 알았다.

본격적으로 여행업을 하고 싶었다. 그리고 때마침 기회가 찾아왔다. 아내의 후배는 결혼 목적으로 완전히 한국행을 결정했다. 아내의 후배가 운영하던 '가인佳人여행사'를 인수받았다. 내 이름으로 사업등록을 하는 날, 짧았지만 힘들었던 멕시코에서의 일들이 주마등처럼 스쳐갔다. 가게 월세를 낼 수 없었을 때, 가게가 텅 빌 정도로 도둑을 맞았을 때, 한국으로의 철수까지 고려했었을 때의 모든 일이 생각났다. 그 어려웠던 때를 기억하고 되새김질하며 항상 초심을 가지고 최선을 다하자고 다짐 또 다짐했다.

40도 정글에서
생긴 일

"도저히 참지를 못하겠습니다. 차 좀 세워주시면 안 됩니까?"

미디어 관련 종사자분들을 버스에 태우고 마야 유적지 치첸이싸로 이동할 때였다. 보통 멕시코 관광버스 내에는 화장실이 비치되어 있다. 멕시코는 워낙에 땅이 넓은 지역이라 버스가 한번 이동하면 보통 6시간 이상 한 번도 쉬지 않고 이동한다. 그래서 버스 안에는 화장실이 기본이다. 하지만 40도를 육박하는 더위에 에어컨 빵빵한 버스 안에서 큰 용무를 보고 나면 본인이야 시원하겠지만 다른 사람들은 목적지에 도착할 때까지 지옥도 이런 지옥이 없다.

치첸이싸로 이동하는 고속도로 주변은 열대 정글 지역이다. 이동 중 먼발치 도로에 새까맣게 앉아 있는 독수리 떼도 볼 수 있다. 독수리 떼는 죽은 짐승들을 뜯어먹고 있다. 버스 경적을 아무리 울려도 날아가지 않는다. 그런 정글 지역을 달리고 있을 때였다. 손님 한 분이 배가 아프다며 화장실을 찾았다. 다들 아는 분들이라 버스 안 화장실은 불편해서 이용할 수가 없단다. 얼마나 급했으면 얼굴이 노랗게 변할 지경이었다. 앞으로 1시간을 더 가야 유적지 입구다. 손님은 참아보겠다며 고통을 감내했다. 식은 땀까지 내면서 고통스러워하다가 도저히 참지를 못한 거다. 결국 버스를 갓길에 정차했다. 손님은 정글 안으로 달려갔다. 버스 안의 사람들은 웃지도 못하고 숨만 죽이고 앉아 있었다. 그런데 용무를 보고 나온 손님의 말 한마디에 모두가 빵 터졌다.

"가이드가 정글 지역에 뱀 있다고 했는데 볼일 다 보고 나니 생각났어요. 무서워서 정말 뭐 떨어질 듯 달렸네요."

사람은 급하면 아무것도 생각나질 않는다. 안정을 취하든지 마무리가 되어야 생각난다. 손님도 볼일을 위해 정글 지역으로 달려가실 때는 급한 것만 해결되길 원했다. 그게 다 해결되고 나니 비로소 뱀이 생각났던 것이다. 그날의 투어는 그분 덕분에 하루 내내 웃었다.

한번은 고속도로 위에서 에어컨이 멈췄다. 에어컨 기운이 사라지고 나니 버스 안이 점점 온도가 오르기 시작하고 손님들의 웅성임이 들렸다. 칸쿤에는 성수기가 다양하다. 유럽과 미국인들이 들이닥치는 시기는 그 시기에 맞게 성수기고, 미국 학생들의 봄방학 기간에는 그 기간에 맞게 성수기고, 부활절 기간에는 여행 다니는 멕시칸들로 칸쿤이 들썩거리니 그 기간도 성수기다. 그런 성수기에 한국 손님들이 오면 당연히 버스부터 호텔까지 예약했던 것보다 컨디션이 미흡하다. 한국 손님들은 이미 예약을 했는데 왜 문제가 되냐고 하지만 호텔이나 버스회사가 한국팀만을 위해 며칠 전부터 모든 것을 비워두지는 않는다.

호텔이나 버스회사도 한국팀을 힘들어 한다. 한국팀의 호텔은 길어야 2박 3일이고 버스는 하루 빌리면 끝이다. 성수기 때 외국인들은 호텔에 들어오면 짧아야 4박, 5박이다. 중간에 이빨 빠지듯이 한국팀을 넣고 나면 잘못하면 2일 이상을 비워둬야 하는 경우가 생긴다는 것이다. 버스도 마찬가지다. 그렇다 보니 한국팀을 위한 버스나 호텔 예약이 성수기 때는 참 어렵다. 특히 한국팀은 무조건 오션뷰여야 하고 버스도 최상급이어야 한다. 그런데 버스회사 입장에선 4~5일 동안 투어를 진행하는 팀에 상태가 좋은 버스를 배치할 수밖에 없다.

아침에 버스를 점검했다고 했지만 결국 사고가 터지고 말았다. 칸쿤에서 1시간을 달려왔지만 아직 왕복 3시간이 남았다. 40도의 무더위에 3시간을 찜통 속에 갇혀서 보낼 순 없었다. 손님들은 다른 버스로 교체할 것을 요구했다. 버스회사는 여유 있는 버스가 없다고 했다. 난감했다. 버스 안이 찜통이 되어 가자 급기야 다른 회사의 버스까지 요구했다. 하지만 그것도 힘들었다. 가능한 서비스는 12인승 봉고 2대였다. 손님들에게 사정을 이야기하고 봉고 한 대에 6명씩 타면 어떻겠냐고 설득했다. 손님들도 흔쾌히 승낙해서 그렇게 투어는 마무리되었다. 하지만 더 큰 일은 손님들이 한국으로 돌아간 후 발생했다.

본인들이 예약한 지가 언젠데 준비 없이 일을 진행했느냐며 컴플레인이 들어온 것이다. 당시 손님들이 이해하며 승낙했고, 나는 봉고 2대로 최상의 서비스를 제공했지만 결국 컴플레인이 나버렸다. 한국 여행사가 아닌 소비자보호원에 컴플레인했기 때문에 문제를 해결해야 했다. 결국 환불을 해줄 수밖에 없었다. 분명투어가 마무리된 후 공항에서 모두 고마움을 표시했다. 일부러그런 것도 아니고 버스가 고장 난 상황에서도 최선을 다해 주어서 고맙다고까지 했다. 외국에서 열심히 사는 모습이 보기 좋다며 뜨거운 포옹과 팁까지 주셨건만, 한국으로 돌아가자마자 컴플레인을 건 것이다. 어쩔 수 없이 환불을 해주었지만 마음이 씁쓸했다. 정성을 다한 노력은 배신하지 않을 줄 알았다. 하지만 그 진

심이 물거품이 되었다. 일을 그만두고 싶을 정도로 마음이 아팠다. 하지만 이 또한 지나갈 것이라고 나를 다잡았다. 그렇게 하지 않으면 세상이 너무 가혹해보였기 때문이다.

가이드하며
아찔했던 순간들

13시 30분 쿠바행 비행기가 출발했다. 이 시간을 맞추기 위해 새벽부터 정신없었다.

'6시 30분에 진행된 조식, 체크아웃 후 7시 출발, 9시 치첸이싸 도착, 관광 후 10시 30분 공항으로 출발, 12시 10분 공항 도착, 체크인 후 쿠바로 출발.'

이 시간표대로 일정을 맞추려면 중간에 사고가 나거나 이동 중 화장실에 가서도 안 된다. 1분의 시간도 허투루 쓸 수 없다. 무사히 비행기에 탑승할 때까지 조금이라도 긴장을 늦추면 안 된다. 가끔 공항 픽업부터 삐끗하며 궁합이 맞지 않는 손님도 있고 반면 일사천리로 이뤄지며 궁합이 잘 맞는 손님들도 있다. 그런데 이번 손님들은 공항 첫날부터 참 어려웠다. 그래서 사고 없이 다음 행선지인 쿠바로 보내고 나니 온몸에 힘이 빠질 정도로 맥이 풀렸다. 그런데 비행기가 회항했다는 소식이 들려왔다.

첫날 공항에서 픽업할 때면 멀리서 봐도 한국 손님인 줄 대번에 알 수 있다. 부부끼리 일렬종대로 나란히 걸어 나오는 사람들은 한국 손님밖에 없다. 손님들의 짐을 버스 짐칸에 싣는데 김치 냄새가 진동을 했다. 40도 가까운 더위에 고약한 냄새까지 진동하니 도와주던 버스 기사의 표정이 일그러진다. 김치가 터진 듯했다. 그걸 정리할 수 있는 곳은 공항 화장실밖에 없었다. 화장실은 순식간에 김치 냄새로 가득했다. 화장실에 들어오던 외국인들은 진입도 하지 않고 다들 방향을 틀어서 나갔다. 아마 김치 냄새가 공항 전체를 휘감았을 것이다. 완벽하진 않았지만 대충 정리를 했다. 손님은 미안하다며 연신 고개를 숙였다. 내 아버지보다 연세가 많은 손님을 무지하다고 질타할 수도 없었다.

　한번 꼬인 팀은 계속해서 꼬이는 일이 생긴다. 둘째 날 일정인 쉘하 해상공원에서의 일이었다. 카리브해는 열대어가 물 반, 고기 반이라고 할 정도로 다양한 종류와 많은 양을 자랑한다. 그래서 대부분의 해상공원에서는 스노우쿨링을 한다. 80세가 넘으신 할아버지가 스노우쿨링을 하시겠다기에 위험하다고 말렸다. 하지만 할아버지는 도전하셨다. 오늘 시도하지 않으면 죽을 때까지 이런 기회가 오지 않을 수 있고 죽을 때 후회할 수도 있다는 것이었다. 다행히 평소 수영 교실을 다니시던 분이라 그런지 금방 적응하셨다. 하지만 20여 분 후 사고가 터졌다. 해상공원에 둥둥 떠 계신 할아버지까지의 거리는 너무나 멀었다. 1초가 10분 같았다. 큰 사고가 아니길 바라고 또 바랐다. 조우하고 보니 다행히 심장마비가 온 것은 아니었다. 그런데 무언가를 잃어버리셨다고 한

다. 할아버지가 잃어버리신 물건은 바로 틀니였다. 그동안 수많
은 손님을 모셔봤지만, 바다로 틀니 찾으러 뛰어들기는 처음이었
다. 찾아 헤맨 지 30여 분이 지났을까. 아주 다행히 할아버지의
틀니를 찾았다.

　그 할아버지께서 쿠바행 비행기 안에서 쓰러지는 일이 일어나

비행기가 회항했던 것이었다. 병원에 도착하니 할아버지는 엑스레이 촬영 중이었다. 쿠바 비행기가 이륙한 후 10분도 지나지 않아 쓰러지셨다고 한다. 기내에서 응급처치 후 바로 칸쿤으로 회항했다. 엑스레이 결과 다행히 아무 이상이 없었다. 무슨 일로 쇼크를 받으셨는지 모르지만 일단 안정을 취해야 했다. 다음 날 여행비보다 더 많은 병원비를 지불하고 퇴원하셨다. 결국 할아버지와 할머니는 남은 여행 일정 모두를 취소하고 한국으로 돌아가셨다.

여행 팀을 맞이하는 건 쉬운 것 같지만 언제 어디서 돌발 사고가 발생할지 모른다. 일어날 일들을 예측하고 막을 수 있다면 얼마나 좋을까. 칸쿤에서의 소소한 일상이 정말 힘들게 마무리되었다. 문득 그 할아버지가 궁금해진다. 그래서 매 순간 일어나는 모든 인연이 소중한 것 같다.

한국에서 칸쿤은 신혼여행지로 아주 핫한 장소가 되었다. 여행지라는 곳이 한번 유명세를 타면 걷잡을 수 없이 타오르는 것 같다. 한국에서 멕시코까지 비행시간만 거의 하루가 걸린다. 이 먼 곳까지 신혼부부가 여행을 온다니, 상상도 할 수 없던 일이 일어나고 있다. 한국 여행사들이 상품을 잘 만들어내기도 한다. 라스베가스, 칸쿤, 쿠바까지 연결하는 상품을 만들었다. 일생에 한번 꼭 가보고 싶은 장소로만 짜여져 있으니 무리를 해서라도 와보고 싶을 것이다. 매주 신혼부부가 왔다. 한국인 관광객이 한국, 미국, 남미에서 본격적으로 칸쿤을 찾으니 한국 여행사도 늘어났

다. 칸쿤의 한국 여행사는 크게 세 부류로 나누어졌다. 나는 한국에서 오는 손님, L 사장님은 미국에서 오는 손님, K 사장님은 한국, 미국에서 오는 손님을 가이드했다. 그중 미국 교포들만 전문적으로 하는 분이 L 사장님이었다. 미국 교포들의 칸쿤 일정은 1일 차 해상공원, 2일 차 마야유적지 치첸이싸를 방문하는 것이다. 해상공원은 한국인들이 가장 좋아하는 코스이기도 하다. 입장권을 끊으면 해상공원 내의 5곳 식당, 칵테일바 등 모든 것을 무제한으로 이용할 수 있고 스노우쿨링까지 할 수 있다. 해상공원에 가면 한국 손님들이 많아 마치 캐리비안베이에 온 듯한 착각이 들 정도다. 그런데 그곳에서 또 하나의 사건이 발생하고 말았다.

"내가 하지 말라고 했거든. 그냥 비치 의자에서 쉬는 게 낫다고 했어. 근데 본인이 꼭 해봐야겠다는 거야. 그러다 사고가 난 거지 뭐."

L 사장님은 사고 후 아픈 마음을 풀어 놓았다. 손님이 50대라 적극적으로 말릴 수도 없었다고 한다. 평소 심장이 좋지 않던 손님은 스노우쿨링을 고집하셨고 결국 사고가 났다. 중간중간에 휴식처가 있지만, 제일 위쪽에서 거의 3km가 넘는 거리를 스노우쿨링 해야 한다. 스노우쿨링으로 내려오시던 손님은 심장마비가 왔고, 안전요원들이 발견하여 응급조치 후 병원으로 이송했지만 끝내 돌아가셨다.

이런 경우, 여행사는 안전사고에 대한 고지와 불의의 사고에 책임 없음을 사인받지만 도덕적인 책임까지 면할 순 없다. 만약 이런 사고가 발생한다면 결국 법적 소송까지 갈 것이다. 특히 현지 가이드에게 모든 책임을 전가할 것이다. L 사장님은 병원을 찾아 오열하며 죄송함을 전했다고 한다. 그런 사장님을 보고 사모님은 "걱정 안 하셔도 됩니다. 가이드님이 잘못하신 거 아니지 않습니까? 남편이 고집을 피웠고 남편이 결정한 일이었지 않습니까? 저는 운명이라고 생각합니다. 너무 심려 마십시오"라며 오히려 L 사장님을 위로했다고 한다. 어찌 되었든 유족의 강경한 입장 때문에 L 사장님은 책임 없이 잘 마무리되었다. 하지만 L 사장님은 그 일로 여행사 일에 회의를 느껴 결국 미국으로 떠나셨다.

돌이켜보면 나도 아찔한 경우가 많았다. 가게 일을 하며 가이드 일을 부탁받을 때였다. 해상공원을 한 번도 방문하지 않아서 어디가 어딘지를 몰랐다. 한국에서 오신 70대 부부를 맡았었는데, 남자분이 워낙에 적극적으로 스노우쿨링을 하고 싶어 했다. 당시 난 물길을 따라 내려가면 도착지점이 있는 줄 몰랐다. 스노우쿨링을 하고 나면 다시 출발지점으로 올라오는 줄 알았다. 더하여 물살이 아래쪽으로 내려가는지도 모르고 그냥 고여있는 물로만 생각했다. 잘 모르면서 그래도 가이드를 한답시고 아는 체를 했다.

"제일 밑에 쪽까지 다 구경하시고 다시 올라오시면 됩니다. 제가 여기서 기다리고 있을 테니까 올라오세요. 아셨죠?"

1시간을 기다려도, 2시간을 기다려도 나타나질 않았다. 기다림에 지칠 때쯤 물살을 가르며 힘겹게 올라오고 있는 사람이 보

였다. 겨우 한숨 돌리고선 '올라오는 사람이 아무도 없었다'며 올라오는 게 맞긴 맞는 거냐고 되물었다.

"다들 재미있으니까 구경한다 정신없는 거죠. 나중에 다 올라옵니다. 그래서 제가 아까 스노우쿨링 힘들다고 말씀드렸는데 꼭 하셔야 된다고 하셔서."

정말 미안했다. 물이 아래쪽으로 흐르고 있었으니 올라오는 데 얼마나 힘드셨겠는가. 모르면서 아는 체하면 절대 안 된다. 그날 아무 일이 없었으니 다행이지, L 사장 손님처럼 사고라도 났으면 어쩔뻔했겠는가. 그날은 부끄러워서 스스로 지옥문이라도 들어가고 싶었다.

L 사장님은 미국으로 돌아가도 아니, 앞으로 평생 이 사고를 기억에서 지울 수 있을까? 나도 이 이야기를 듣고선 일에 대한 회의를 느끼게 되었고 이후 손님들이 스노우쿨링 할 때면 무사히 도달하기 전까지 항상 불안하고 심장이 뛰었다. 봉사하는 일은 내 희생이 마무리되기 전까진 누군가의 기쁨을 알 수 없는 것 같다.

칸쿤에서
내 집 마련의 꿈을 이루다

"미스터 남! 오늘 우리 부부는 투어 참석이 어려울 것 같아."

미국에서 온 부부였다. 2박 3일 짧은 일정이지만 도착 후 밤새 설사병에 시달렸다고 했다. 특히 사모님이 더 심하셨다. 한국 거주 분들이셨는데, 미국 대학에 다니는 아들을 보러 왔다가 칸쿤으로 여행을 왔다고 했다.

손님 중 누군가 아프면 하루 종일 신경이 쓰인다. 일정을 마무리하고 방으로 전화를 돌렸다. 비상약을 먹고 쉬었지만 아직까지 좋지 않단다. 두 분을 위한 점심을 호텔 식당에 예약해뒀지만 식사도 못 하셨다고 했다. 큰맘 먹고 왔던 여행이 한순간에 물거품 될 때처럼 억울한 것이 또 있을까? 아무것도 먹지 못하고 계신다니 미음이라도 끓여서 가져다드려야 할 것 같았다. 여유 있는 시간은 아니었지만 내가 조금 더 신경 쓰고 최선을 다하자는 마음 때문이었다. 정성스럽게 준비한 미음과 종기에 담긴 간장을 부부에게 건넸다. 이거면 금방 나을 것 같다며 너무 감사해 하셨다.

다음 날, 일정을 위해 호텔을 찾았더니 두 분이 로비에 앉아계셨다. 사모님은 밝은 미소를 건네며 오늘은 투어에 참석할 수 있겠다고 했다. 다행히 2일 일정을 무리 없이 소화하고 멕시코시티 투어를 위해 공항으로 이동했다(4박 5일 일정 중 2일은 칸쿤, 2일은 멕시코시티 관광이다. 칸쿤에서 멕시코시티까지는 비행기로 2시간 소요된다). 남자 손님이 나를 따로 부르시더니 어제 건넨 미음을 다시금 고마워했다. 결단코 사양했지만 아이들 과자나 사주라며 하얀 봉투를 내미셨다. 계속 거절하는 것도 예의가 아니라 받아들었는데 나중에 봉투를 열어보곤 깜짝 놀랐다. 상상할 수도 없는 많은 금액이 담겨 있었다.

그리고 딱 1년이 지난 봄날 그때의 손님들이 10일간 일정으로 다시 칸쿤을 찾았다. 칸쿤에 머무는 10일 동안 투어는 일절 하지 않았다. 식사 시간에 맞춰 최고급 레스토랑을 안내해드리고 같이 식사하고 담소 나누는 게 고작이었다. 손님들은 호텔 발코니 의자에 앉아 바다만 바라보는 것도 최고의 휴가라며 좋아했다. 또 1년이 지난 후 그 손님들은 다시 칸쿤을 방문했다. 이때도 마찬가지로 10일 동안 최고급 호텔에 머물면서 힐링만 하다 가셨다. 세계여행을 다녔지만, 칸쿤처럼 좋은 곳이 없다며 칸쿤 예찬론자가 되셨다. 가이드 일을 하는 동안 3번이나 칸쿤에서 만난 손님은 이분들이 최초였다.

가이드 일정이 없던 한가로운 어느 날, 집의 수영장에서 오후를 보내고 있었다. 어제까지만 해도 지저분했던 수영장이 깨끗했다. 그날따라 수영장 물도 참 시원하게 느껴졌다. 40도를 육박하는 날씨에 이런 망중한을 즐길 수 있다니 역시 외국 생활을 잘 선택한 것 같다는 생각이 드는 날이었다.

사실 이민 초창기엔 이런 행복을 꿈도 꾸지 못했다. 나한테까지 돌아올 행복이 있을까? 하며 의구심을 가지기도 했었다. 그런데 아니었다. 이런 행복을 가질 조건은 누구에게나 충분했다. 행복은 누군가 가져다주는 것이 아니라 내가 가지는 것이다. 누군가 가져다줄 때까지 무작정 기다리면, 결국 내 행복은 멀리 달아난다. 먹을 수 있는 것도, 건강하게 걸을 수 있는 것도, 세상을 볼 수 있는 것도 평범하지만 누군가에겐 가장 갈망하는 소원일 수 있다.

선글라스 위로 보이는 하늘은 더 푸르렀다. 야자잎으로 짜여진 빨라파palapa 아래의 비치 의자에 몸을 뉘어본다. 살랑살랑 불어오는 바람이 젖은 몸을 콕콕 찌르고 달아난다. 나도 모르게 스르르 눈이 감겼다. 그 강렬한 행복을 몸속 깊이 받아들이고 있을 즈음 누군가가 나를 불렀다.

"님!"

집주인이었다. 동생네가 칸쿤으로 이사를 오기로 했으니 집을 비워달라는 것이었다. 갑자기 무슨 날벼락인가 싶었다. 올 초 연장계약서를 작성하자니 본인이 안 해도 된다고 해놓고선 갑자기 통보라니. 그러면서 오히려 연장계약서를 작성하지 않았으니 법적으론 문제가 없단다. 뒤통수를 크게 한 방 맞았다. 일단 아내와

상의한 후 이야기하자며 자리를 피했다. 두 번째 집에서 사는 동안 정말 행복했다. 불안하게 구했던 집이지만 많은 복을 주었다. 일도, 가족도 모든 것이 마음먹은 대로 이루어졌다. 우린 잘 정착했고, 이제 그 달콤함을 즐기려던 차였다. 그런데 갑작스럽게 내쫓기게 되었다.

여러 번 실랑이를 벌였지만 소용없었다. 결국 새로운 곳을 알아보기 위해 2개월 유예받는 것으로 마무리했다. 이역만리에서도 집 없는 설움은 똑같았다. 사실 이사하는 건 큰 문제가 아니다. 전화선이 문제였다. 전화선을 다른 집으로 옮기는데도 시간이 너무 오래 걸려서 그게 스트레스였다. 전화만 아니면 이 정도 컨디션의 집들은 넘쳐나니 또 구하면 되었다. 우리는 또 그렇게 집을 찾으러 나섰다. 일단 이 집을 구해주었던 부동산 사무실로 가보았다. 사정을 이야기하니 우리를 위로해준다. 가식일지라도 현지인들로부터 받는 위로는 고마웠다. 그런데 부동산 사무실에서 뜻밖의 제의를 했다. 집을 사면 어떻겠냐는 거였다.

당시 미국 시민권자였던 L 사장님이 불미스런 사건 이후로 칸쿤 집을 팔고 다시 미국으로 들어가려 했다. 마지막 식사 초대를 받아 L 사장님 집을 방문했다. 집을 사겠다고 의사를 표현한 건 아니고 그냥 구경이나 한번 해보자는 마음이었다. 단아한 2층 집은 본인이 직접 설계하고 건축자재를 사서 인부들만 들여 직접 만들었다고 한다. 내부는 완전히 한국식으로 만들어 놓았다. 곳곳에 정성이 담겨 있었다. 들어오는 입구에 신발장도 만들었고(참고로 멕시코 사람들 집은 신발장이 없다.) 2층 방에는 드레스룸도 갖추어져 있었다. 천장이 높아 시원한 느낌이 들어서 좋았다. 베란다를 만들어 커피를 마시거나 고기를 구워 먹을 수도 있었다. 내부는 너무 맘에 들었다.

그런데 한 가지 문제는 너무 시끄럽다는 것이었다. 집집마다 울어대는 개 짖는 소리에 머리가 아플 지경이었다. 2층 베란다에서 바라본 주변 집들은 전형적인 멕시칸들 집이었다. 움막집도 있고 야자수잎으로 대충 만든 집들도 있었다. 거리를 활보하는 사람들의 모습은 시골스러웠지만, 왠지 동네가 위험해 보였다. 아무리 집 시큐리티가 잘 되어 있다고 해도 무슨 일이 일어날지 아무도 모른다. 우리는 외국인이라 항상 현지인들의 표적이 된다. 물론 나쁜 사람들만 있는 것은 아니지만 외국에서 살기 때문에 더 조심해야 한다.

내 돈 들여서 살 집인데 아는 사람이라고 해서 솔직한 내 감정을 이야기할 수는 없었다. 그렇다고 동네가 위험해 보인다는 둥, 개소리가 너무 시끄럽다는 둥 솔직하게 말하면 또 얼마나 서운해할 것인가. 나는 이 집을 사겠다고 온 게 아니라 그냥 구경하러 왔는데 L 사장님은 작정하고 나한테 팔 생각을 하고 있었다. 배웅해주는 L 사장님네의 얼굴엔 환한 미소가 가득했고 나는 석연찮은 웃음으로 화답하며 어색하게 돌아섰다.

그로부터 얼마의 시간이 지난 후 나를 욕하는 심한 이야기가 들려왔다. '젊은 놈이 버릇이 없다, 입 하나로 두말하고 다닌다,

지놈들이 우리를 무시한 거다' 등등 L 사장님네가 우리 가족에게 던진 비난이었다. 나는 L 사장님네의 집을 구매하겠다는 의사 표현을 한 적이 없었다. 그런데 본인들이 지레짐작하여 집을 사지 않았다는 둥, 가격을 깎아 달라고 해서 가격까지 깎아 줬다는 둥 없는 말까지 돌고 있었다. 그들은 우리 가족을 몹쓸 인간으로 만들어 버렸다. 무서웠다. 외국에서 같은 동포면 더 보듬어주고 더 정성을 주어도 모자랄 판에 힐난하고 없는 말을 만들어 내다니, 무엇보다 나보다 세상을 훨씬 오래 사신 분들이 아닌가.

그냥 있을 수가 없었다. 그래서 L 사장님을 찾아갔다. 노기 어린 표정은 사그라들지 않았다. 그는 듣고 싶은 것만 들었다. "제가 구매할게요"라고만 하면 모든 문제가 없어질 터였지만 그러고 싶지 않았다. 더 이상 깊은 대화가 어려워 그냥 미안하다는 말만 하고 집을 나섰다. 돌아오는 내내 뭔가에 꾹 눌린 것처럼 가슴이 답답했다.

다시 부동산 사무실을 찾았다.

'6만 달러! 3층 단독주택 [1층: 거실, 부엌, 화장실 / 2층: 방 3개, 화장실 / 3층: 다용도실]'

게다가 에어컨, 침대, 냉장고, 세탁기, 건조기, 붙박이장까지 다 갖추어져 있다고 한다. 몸만 들어가면 되었다. 의심스런 마음으로 그들이 안내하는 곳으로 이동했다. 3층 단독주택이 20여 집 있었다. 한국으로 따지면 전원주택단지 같은 형식이었다. 동네도 위험하지 않았다. 무엇보다 입구에 시큐릿이 있어서 아무나 들어올 수가 없었다. 집 입구에는 차 2대를 댈 수 있는 주차장까지 있었다. 주차하고 바로 문을 열고 들어가면 거실이었다. 벽면과 모든 가구가 하얀색이었다. 깨끗했다. 거실 창문을 열고 나가니 잔디가 깔려 있었고 수영장까지 갖추어져 있었다. 계단을 오르니 2층에 마련된 아담한 방들, 또 계단을 오르니 다용도실에는 세탁기와 건조기가 갖추어져 있었고 쓰지 않는 짐을 비치하는 수납공간까지 마련되어 있었다.

기분이 좋았다. 편안했다. 그러면 된 것이었다. 곁눈질로 본 아내는 이미 자기 집을 만들고 있었다. 삶은 참 계획대로 되는 것이 없다. 물론 차곡차곡 계획적으로 사는 분들은 그들이 세운 계획처럼 5년, 10년 짜임새 있게 만들어 가지만 우리는 너무나 즉흥

적이었다. 그런데 이런 즉흥적인 것이 누군가 우리 가족을 위해 계획서를 만들어 놓았던 것처럼 진행되고 있었다. 운명적으로 받아들이고 싶은 마음이 강했다. 우리가 결혼했을 때 멕시코에서 이민생활을 할 것이라고 생각지 못했던 것처럼 멕시코에서 생애 첫 집을 구매할 수 있을 것이라고 상상이나 했겠는가.

집문서에 사인을 하면서 이렇게 떨린 적이 없었다. 아내와 나는 얼싸안고 깊은 눈물을 흘렸다. 아름다운 집에서 행복하게 살고 싶었다. 그래서 그렇게 원하던 우리 집을 가졌다. 이제 이리저리 이사 가지 않아도 되고 집 없는 설움을 잊어도 된다. 집문서를 신줏단지 모시듯 조심스레 모셔와 우리만의 비밀 장소에 깊이 아주 깊이 모셨다. 이젠 빼도 박도 못하게 칸쿤에서 살아야 한다. 더 열심히 살아야 한다. 새집으로 이사 온 첫날 우리는 눈물과 기쁨을 머금고 시원한 맥주를 마셨다. 이리 보고 저리 봐도 신기했다. 앞으로 다가올 시간에 대한 기대와 기분 좋은 설렘만 가득했다.

CHAPTER
02

내가 사랑한
칸쿤

현지인으로 살며 보고 듣고 느낀 것들

놀 때는
확실히 논다

결혼식에 초대받았다. 과달라하라 형님의 바이어 조카 결혼식이었다. 결혼식 시간은 오후 6시였다. 이곳의 결혼식은 대부분 오후 시간에 본식을 하고, 저녁엔 피로연으로 이어진다고 한다. 성당(멕시코 사람들은 대부분 가톨릭 신자여서 결혼식을 성당에서 올린다.)에서 진행하는 결혼식은 참석을 못 하고, 피로연에만 참석했다. 하객들 대부분 깔끔한 정장 차림이었다. 한국에서 이민 올 때, 정장을 준비하질 못했다. 그렇다고 오늘 때문에 새것을 장만할 수도 없어, 편한 옷을 입고 갔더니 머쓱했다.

입구에서부터 정열적인 음악으로 결혼식 분위기를 한껏 고조시켰다. 조명과 풍선으로 장식된 연회장은 결혼식 피로연보다는 마치 학생들 학예발표회 현장 같았다. 식사도 고기, 술, 다과류 정도가 준비되어 있었다. 형은 술 한잔하자며 데낄라부터 권했다. 한국에서 직장생활을 할 때 참 많이도 마셨던 술이다. 서부영화에서 카우보이 모자를 쓰고, 먼지 날리는 바bar에서 레몬과 소금

을 안주 삼아 강렬하게 들이켜는 모습이 좋았고, 그 술의 이름이 데낄라여서 더 좋았다. 추억의 술을 들이켜니 속이 확 달아오른다. 몇 순배 돌자, 갑자기 팡파레가 울리고 신랑 신부가 입장한다.

한국처럼 신랑 신부는 돌아다니면서 하객들에게 인사를 했다. 말하는 것을 좋아하는 민족답게 인사만 건네는 것이 아니라, 담소까지 나누니 시간이 꽤 걸렸다. 신랑 신부는 우리와의 인사를 끝으로, 무대 위로 올라가 춤을 추기 시작했다. 기다렸다는 듯 하객들도 춤을 추기 시작한다. 결혼식인지 클럽인지 구분이 안 될 정도로 열심이다. 하객들은 신랑 신부와 돌아가면서 춤을 추기 시작한다. 그렇게 한바탕 춤 소동을 끝내더니 갑자기 게임을 시작했다. 운동회처럼 청백팀으로 나누어 허리에 손을 올려 꼬리잡기 게임을 한다. 형님께 뭘 하는 거냐고 여쭤보니 부케 받는 사람을 정하는 거라고 한다. 그럼 여자만 해야지 남자는 왜 게임을 하느냐고 하니 멕시코는 남자, 여자 모두 부케를 받는다고 했다. 꼬리잡기 게임을 하지 않으면 부케를 받을 수 없다고 한다. 그런데 젊은 사람들만 하는 것이 아니라 나이 드신 분들까지 대부분의 하객이 참석했다. 나이를 상관하지 않고 허물없이 어울리는 모습이 낯설기도 하고 부럽기도 했다.

무대에선 한창 파티가 진행 중이었지만 형님과 나는 술잔만 들이켰다. 독한 술이 물처럼 아무 느낌이 없다. 마신 술로 몽롱해지고 꼬리 게임으로 정신이 없을 때쯤 디스코 음악과 함께 연회장도 광란의 분위기로 바뀌었다. 본격적인(?) 파티가 시작된 것이다. '신랑 신부는 신혼여행 안 가나? 벌써 11시인데…' 하는 생각에 피로연은 대체 언제 끝나냐고 물었다. 맙소사 끝나려면 아직 멀었단다. 밤새워 논단다. 그럼 결론적으로 형님과 나도 밤새 술을 마셔야 한다는 뜻이다. 그때 바이어가 데낄라 한 병과 함께 합세했다. 알량한 자존심에 주거니 받거니 했다가 만신창이가 되어가고 있었다. 결국 무대까지 끌려나갔다. 버틸 재간이 없다. 술에 취하고 그들의 춤에 취하는 밤이었다.

머리가 깨질 것 같아서 일어나 보니 호텔 침대 위였다. 형님은 "우리는 멕시코 결혼식에 끝까지 참석한 거야"라고 했다. 멕시코 결혼식의 끝은 참석자들이 호텔에 머무는 것으로 마무리된다고 했다. 노는 것만큼은 끝내주게 무서운 나라다. 어떻게 하객들을 밤새 놀리고 숙소까지 책임진단 말인가. 그건 그렇고 어제 마신 데낄라 후유증이 만만치 않다. 식당에 들르니 빵에 치즈가 전부여서 주스 한잔으로 긴 결혼식을 마무리했다. 아! 시원한 해장국이 정말 그리운 아침이다.

죽을 뻔한
고비를 넘기다

아내의 몸이 펄펄 끓었다. 오늘 하루에만 화장실 문 열기를 수십 번이었다. 팔마시아farmacia(약국)를 찾아 설사약을 구입했다. 근데 설사로 몸에 열까지 날 수 있나 싶어 의심스러웠지만 하루종일 화장실에 들락거리며 설사를 했으니 다른 방법이 없었다. 외국 생활에서 가장 무서운 것이 몸 아픈 거다. 큰 병이라도 걸리면 보험이 없어 비용이 크게 발생하는 것도 그렇고, 한국처럼 의료시스템이 잘 갖추어지지 않아서 의사들을 온전히 신뢰하지 못하는 마음도 그렇다.

설사약을 먹은 아내는 나아지는 반응이 없었다. 머리가 깨질 듯이 아프다고 했고 온몸이 쇠망치로 맞은 것처럼 뼈마디가 쑤신다고 했다. 급기야 고통스러워 화장실에서 엉엉 울기까지 했다.

"안 되겠다. 병원으로 가자! 이러다 죽겠어."

약 먹으면 나을 거라며 스스로 위로하던 아내도 힘겹게 고개를 끄덕인다. 부축한 팔이 땀으로 흥건했다. 용광로 하나를 품은 것 같았다. 가슴이 찢어진다. 잘살아보겠다고 왔는데, 오만가지 생각들이 주마등처럼 스쳤다. 멕시코에는 IMSS 병원과 종합병원이 있다. IMSS 병원은 멕시코 일반인들이 가장 많이 찾는 병원으로 서비스 수준이 낮지만, 병원비가 거의 무료다. 별일이 아니면 외국인들에게 무료로 진료해주기도 한다. 하지만 서비스 수준이 낮은 IMSS 병원에 아내를 데려가고 싶진 않았다. 병원비보단 아내의 건강이 우선이었다. 종합병원 응급실로 이동했다. 수속은 생각보다 빨랐다. 의사는 MRI 촬영과 함께 급하게 환자를 진찰하기 시작했다. 아내는 식중독이었다. 식중독은 한국도 있지만 멕시코 식중독은 한국인들이 전혀 면역체계를 갖추지 않은 '살모넬라 E형'이라고 한다. 면역체계가 없다 보니 상한 길거리 음식을 먹고 나면 발병확률이 높단다. 멕시코식 풍토병에 걸린 것이었다. 식중독이라고 하니 불행 중 다행이라는 생각이 들었다. 의사는 입원을 권유했다. 갑작스런 입원이었지만 그래도 하루 정도면 괜찮아질 거라는 말에 입원을 결정했다. 하루 만에 아내는 수척해졌다. 다행히 열은 내렸고 설사는 어느 정도 멎은 듯했다.

다음 날 원무과에 납부부터 하면, 퇴원 수속을 진행해 주겠다고 한다. 입금부터 먼저 하라는 건 세계 어디나 마찬가지였다. 계산서를 한참 내려다보며 뒤에서부터 0을 세어본다. 무려 4백만 원이었다! MRI 촬영, 수액, 주사, 1박으로 사용한 침대가 고작인데 입이 벌어졌다. 종합병원의 병원비가 비싸다는 소리를 들었지만 이렇게 비쌀 줄은 몰랐다. 그래도 큰 병에 걸리지 않은 것을

다행으로 생각해야 했다. 아내의 몸도 멕시코 사람들처럼 면역체
계가 갖추어져 버린 것일까. 아내는 이후 한 번도 식중독에 걸리
지 않았다. 그런데 멕시코 병원비는 이렇게 비싸도 되는 건가 싶
다. 식중독 치료에 400만 원이라니 비싸도 너무 비싸다.

멕시코 주유소는
서비스가 최고다

산유국인 멕시코는 기름값이 다른 나라에 비해서 저렴하다. 그러나 2019년 송유관 절도 문제로 기름 부족 현상이 일어나면서 기름값이 급등했다. 산유국이지만 절도 문제를 해결하지 못해 기름값이 급등하는 이상한 나라가 되었다. 산유국 기름값을 좀도둑이 마음대로 올렸다 내렸다 하는 나라, 그런 나라가 멕시코다. 그래서 살아보면 더 실감 나는 나라이기도 하다.

멕시코는 팁 문화가 있다. 서비스에 따라 총금액의 10~15%의 팁을 준다. 식사하고 난 후 계산서를 내면 종업원은 계산서에 적힌 금액대로 결제할 건지를 묻는다. "10% por favor(디에쓰 포시엔또 뽀르 파보르)"라고 이야기하면 계산서 금액에 팁 10%를 추가하여 결제한다는 뜻이다. 팁을 현금으로 따로 지불할 경우 식사금액에 10~15%를 계산해서 주면 된다. 팁 문화에 익숙지 않았던 나는 처음엔 팁을 줘야 하는 것을 모르고 그냥 나올 때가 많았다. 당시 종업원들이 얼마나 나를 욕했을까 생각하면 괜스레 낯이 붉어진다.

　이런 팁 문화는 사회 전반에 확대되어 있다. 이발소에서 머리를 깎고 나면 미용비용에 얼마를 더 주는 것이 관례다. 안 주고 돌아서면 맘이 편하지 않은 나라가 멕시코다. 주유소에서도 마찬가지다.

　"공기 흡입기로 내부 청소해줄까?"

　앞 유리창만 닦아주더니 이제는 주유소에서 실내까지 청소해준단다. 얼마나 꼼꼼하게 하는지 보고 싶었다. 그냥 보이는 곳만 청소하는 것이 아니라 의자를 앞뒤로 밀치면서 곳곳을 꼼꼼하게도 청소해주었다. 정성스럽게 최선을 다하는데 팁을 안 줄 수가 없었다. 무엇이든 최선을 다하는 모습을 보면 가슴이 포근해진다. 그가 원한 것이 팁이었을지라도 최선을 다하는 모습은 나를 감동시키기에 충분했다. 앞으로 이 주유소만 찾아와야겠다고 생각했다.

　다시 주유를 하러 찾았을 때는 저번에 만났던 종업원의 대기 줄이 길었다. 다른 주유대가 비어 있었지만 기다려서라도 그 종업원에게 주유하고 싶었다.

　"올라hola!"

　오늘은 타이어 공기압까지 체크해주는 것이 아닌가. 주유 시간 동안 종업원은 바빴다. 앞유리창, 공기압, 내부 청소까지…. 기름을 넣는 사람들은 이 주유소를 안 찾을 수가 없다. 종업원 한 명이 주유소 매출까지 높여주고 있었다. 이마에 땀방울이 송송 맺

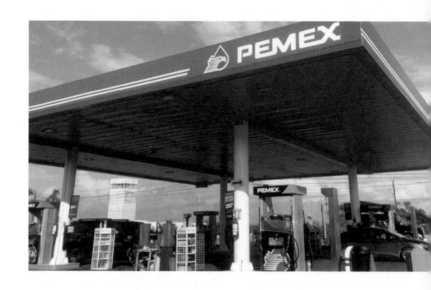

힌 그에게 저번보다 더 많은 팁을 주었다. 외국에 사는 이방인으
로서 한국이라는 나라에 대한 좋은 이미지를 주고 싶기도 했다.
주유소를 나오는데 가슴이 따뜻하기도 하고, 작은 팁으로 너무 큰
서비스를 받은 것 같아 미안하기도 했다. 몸은 마음과 연결되어
있다고 한다. 오늘 받은 따뜻함으로 몸까지 힐링되는 기분이었다.

멕시코 라식수술로
광명을 찾다

땀이 쏟아질 때 안경은 얼굴에서 더 미끄러지곤 한다. 안경은 내가 중학교 입학하면서부터 세상을 보여주는 통로였다. 어느 날 친구들과 막대기로 장난치다 왼쪽 눈을 찔렸다. 눈은 거의 하루 동안 뿌옇게 보였다. 병원에 가야 했지만, 부모님이 걱정하시는 게 싫었고 당시 시골에는 안과도 없었다. 다행히 다음 날 아무 일 아닌 것처럼 세상이 깨끗하게 보였다. 하지만 해가 갈수록 안경 무게가 급격히 무거워졌고 왼쪽 눈은 더 심하게 시력을 잃어갔다. 급기야 마이너스로 접어든 시력은 고2가 되어선 마이너스 10까지 악화되었다.

차가운 곳에서 따뜻한 곳으로 이동하면 안경에 항상 서리가 껴서 불편했다. 서리가 없어지기까진 한참의 시간이 흐른다. 칸쿤은 겨울이 없다. 아니, 추운 겨울이 없다는 게 더 정확한 표현이다. 그렇지만 안경의 뿌연 현상은 그대로다. 에어컨 빵빵한 실내에서 40도를 넘나드는 밖으로 나가면 똑같은 현상이 나타났다.

게다가 수시로 흘러내리는 땀 때문에 안경이 더 귀찮았다.

라스 아메리카스 쇼핑몰을 구경하다 보니 1층 한켠에서 라식 수술에 대한 홍보가 한창이었다. '멕시코에서 라식수술을?' 믿을 수 없었다. 의학을 못 믿는 게 아니라 사람을 믿을 수 없었다. 잘 못하다간 실명이 될 수도 있다. 정 필요하면 한국 방문길에 한국에서 수술하는 게 훨씬 낫겠다는 생각이었다. 하지만 라스 아메리카스를 방문할 때마다 라식수술 광고판이 눈에 들어왔다. 한국에 살 때 그렇게 불편해도 하지 않았던 라식수술이다. 그런데 멕시코에 살면서 마음이 동한 걸 보면 안경이 한국보다 제법 불편한가 보다. 그런 이유가 아니라면 이렇게까지 마음이 동할 일이 없을 텐데 말이다.

'견적이나 한번 볼까?'

무언가에 이끌리듯 상담 자리에 앉았다. 수술비용은 한국의 절반 가격이었다. 인간은 참 이상하다. 비싸면 비싸다고 난리고 싸면 싸다고 난리다. 싼 가격이 오히려 맘에 걸렸다. 상담자는 아무리 좋은 기계를 소유해도 의사들의 경험 횟수가 중요하며, 칸쿤 의사들은 매주 수십 회씩 수술을 진행하고 있는 베테랑이니 걱정 말라고 했다. 그래도 믿을 수 없다. 한두 번 속은 멕시코가 아니기 때문이다.

하지만 라식 수술에 대한 생각은 계속 뇌리에 남아 있었다. 어느 날 아내는 "할까 말까로 언제까지 고민만 할 거야? 이곳도 사람 사는 곳이고 많은 사람이 라식수술을 한다고 하니 믿고 해"라는 결론을 내려주었다. 어떨 땐 아내가 나보다 훨씬 강했다. 계약서 작성 중에도 의심의 뿌리를 저버릴 수 없었다. '나 마루타 되는 거 아니야? 설마 실명되진 않겠지?' 의심하면서도 무엇에 이끌리듯 동의서까지 모두 사인해버렸다. 수술실에 들어가기 전까지 얼마나 후회를 했었는지 모른다. 결정을 내렸으면 믿고 기다리면 되는데 내 돈 주고 내가 원해서 하는 수술임에도 당일까지 스트레스를 스스로 키워가는 내가 어리석게 느껴졌다.

　수술 당일 병원에 도착하니 공장도 아니고 사람들이 구름떼처럼 몰려 있었다. 수술받는 사람이 나만 있는 것도 멕시코 사람만 있는 것도 아니었다. 독일인 미국인 등 외국에서 원정 치료 온 사람들까지 있었다. 마음이 간사하게도 많은 사람을 보고 나니 그동안 의심했던 마음이 눈 녹듯 사라졌다.

　수술 시간은 짧았다. 기계가 눈으로 내려와 뚜껑을 열고 레이저로 눈을 지졌다. 곧이어 타는 냄새가 나더니 한쪽 눈 끝, 다른쪽도 마찬가지였다. 5분도 채 걸리지 않은 것 같다. 수술을 끝내고 나오니, 해변 선베드에 일렬로 누워있듯 수술한 사람들이 열지어 누워있었다. 30여 분이 지난 후 주의사항과 추가 검사 날짜를 배정받곤 나왔다.

　습관적으로 눈 쪽으로 손이 올라간다. 하지만 안경은 없었다. 새로운 세상이었다. 땀이 나도 불편하지 않았다. 다음 날 아침 습관적으로 주위를 더듬거리며 안경을 찾았지만 필요 없었다. 안경 없이도 세상이 보였기 때문이다. 정말 신기했다. 새로운 세상은 그렇게 나에게 다가왔다.

"다시 수술해야 될 것 같습니다."

몇 달이 지났지만 오른쪽 눈의 뿌연 현상이 사라지지 않았다. 결국 재수술이 필요했다. 재수술이라는 말을 들으니 무서웠다. 결국 내가 처음 신뢰하지 않았던 일이 현실로 다가오는구나. 연약한 수정체를 열고 닫는 작업을 한 번 더 해야 했다. 재수술을 기다리는 복잡한 마음은 이루 말할 수 없었다. 세상을 안경 없이 보는 것이 이렇게 어렵다니. 하지만 이미 엎질러진 물이었다. 뒤로 물러날 수도 없었다. 더 나쁘게 진행되지 않기만 바랄 뿐이다. 시작 전에는 최상의 결과만 바라며 최악의 결과는 당연히 오지 않을 것이라 믿는다. 하지만 최악의 결과가 오면, 그 최악의 상황에서 좀 더 나은 결과를 바라는 희망 회로를 돌린다.

재수술은 다행히 잘 되었다. 이후 더 이상 나쁜 결과는 나오지 않았다. 멕시코에 거주하는 동안 안경 없이 즐거운 생활을 할 수 있었다. 수십 년을 착용했던 안경이 사라지니 어색했다. 근데 어색한 느낌은 시간이 지나면서 다시 안정감을 찾아갔다. 낯선 것은 결국 시간이 해결해 주었다. 너무 급하게 서둘지만 않는다면 모든 것은 시간이 해결해 준다. 우여곡절을 지나고 라식수술이 나에게 새로운 세상을 안겨주었듯이 말이다. 눈은 깨어있는 동안 가장 피곤한 부분인 것 같다. 하지만 운동을 가장 게을리하는 곳도 눈인 것 같다. 잠시 눈을 감고 휴식을 취해본다.

선물은
호랑이도 웃게 한다

멕시코에 거주한 지 1년 반이 다 되어갈 무렵의 이야기다. 비자 갱신 기간이 도래했다. 1년짜리 비자 기간이 만료되면 다시 이민국에 서류를 넣고 갱신해서 다시 받아야 한다. 한국에서 운전면허증 갱신하는 개념과 비슷하다. 그런데 비자를 처음 받는 것보다 갱신하는 것이 더 까다로웠다. 멕시코 입장에서는 갱신해서 비자를 줘도 멕시코에 피해나 문제를 일으킬 소지가 없는지 가장 주의 깊게 보는 것 같다.

이민국 문도 열지 않았는데 기다리는 줄이 길었다. 2주 전에 갱신 서류를 접수했는데 아무 소식이 없었다. 답답한 사람이 우물을 판다고 기다리다 결국 이민국을 찾았다. 갱신된 비자를 받아야 1년 또 편안하게 살 수 있기 때문이다. 이민국의 주 고객층은 과테말라, 아르헨티나, 브라질 등 남미 사람들이다. 브라질을 제외한 대부분의 남미가 스페인어를 사용하지만 발음만 들어보면 경상도, 전라도 구분하듯이 아르헨티나 사람인지, 쿠바 사람인지 알 수 있다. 그날은 유독 아르헨티나 사람들이 많이 온 것 같았다. 일 처리가 늦어도 너무 늦어서 오전을 이민국에서 보내는 중이다. 이민국이나 시청, 전화국 등 공공기관에 올 때는 항상 마음을 비워야 한다. 오전은 버린다고 생각해야 마음이 편하다. 안 그러면 스트레스 받아서 내가 힘들어진다.

"한국 기념품인데 선물로 줄게."

내 차례가 되어 접수증과 함께 한국 남대문 시장에서 사온 '자수 핸드폰 걸이'를 내밀었다. 이민 오기 전 혹시나 해서 준비했던 것이다. 멕시코 사람들도 한국 기념품을 무척 좋아했다. 본인의 이름을 한글로 써달라는 부탁도 많이 받았다. 식당에선 종업원이 메모지가 없자 냅킨에 자신의 이름을 한글로 써달라고 했던 적도 있다.

접수원의 고압적인 인상이 환한 미소로 바뀌었다. 그리고 내 서류를 찾는 시간이 빨라졌다. 접수원은 현재 서류 검토 중이니 일주일 후에 다시 오라며 환한 웃음을 건네주었다. 사실 이민국은 알 수 없는 고압적인 느낌이 있다. 뭘 잘못한 것도 아닌데 멕시코라는 나라에 얹혀사는 이방인을 대하듯 뭔가 딱딱한 느낌이다. 웃음 많은 멕시코 사람들인데도 이민국 직원들은 웃음이 없다. 그래서 이민국만 오면 나도 웃음기가 사라진다. 특단의 조치로 한국 기념품을 생각한 것이 신의 한 수였다. 멕시코에서 살아가기 위한 수단이었다. 일주일이라는 시간을 정확히 말해준 것도 어쩌면 선물 덕택이다.

　비자 부분이 해결되지 않으면 일이 손에 잡히질 않는다. 불법으로 사는 것 같고 경찰이라도 보면 괜스레 죄지은 것 같은 기분이다. 일주일 후 다시 방문하니 다른 직원이 앉아 있었다. 다행히 저번에 선물 받은 직원이 옆자리에서 나를 알아보고 반갑게 인사를 건넸다. 외국에 살면 다행인 게 한번 본 사람들은 꼭 기억을 해 준다는 것이다. 그들이 보기엔 우리가 외국인이고 동양인이다. 더하여 선물까지 건넸으니 기억하지 않을 수 없다.

　오늘은 한국 이미지가 새겨진 손톱깎이를 주었다. 옆 직원이 자기도 하나 주면 안 되냐고 난리였다. 딱 1개만 가지고 와서 난처했다. 다음에 올 때 꼭 주겠다고 약속했다. 괜히 직원 한 명이라도 나한테 좋은 감정을 가지지 않으면 갱신 비자가 나오지 않을 것 같았다. 하지만 일주일 더 기다려야 한다는 답변을 받았다.

이러다 여기 직원들에게 다 선물을 돌려야 할 판이다. 일주일이라고 했지만 멕시코 타임을 고려해 10일이 지나고 이민국을 다시 방문했다. 그냥 저번에 약속했던 선물이나 건네자는 심정으로 기대 없이 방문했고 자꾸 얼굴을 보이며 '내가 선물까지 건넸는데 너희들 나한테 신경 좀 써야 되는 거 아니냐?'라며 무언의 압박이라도 건네자는 심정이었다.

그런데 서류를 찾아보던 직원이 아직 미결제라고 한다. 무슨 결제 도장 하나 찍는데 2주가 넘게 걸린단 말인가? "혹 비자에 문제가 있나요?" 하고 물으니 걱정 말란다. 도장 찍고 수령하면 끝이라고 했다. 도장이야 언젠가는 찍히겠지. 과정 중에 머물러 있으면 불안하겠지만 거의 마무리 단계라 하니 무작정 기다리는 수밖에 없었다.

"참, 직원들 모두 몇 명이에요?"

오늘은 직원들 수에 맞게 선물을 건넸다. 그래도 스마트폰 고리와 손톱깎이 몇 개로 이민국 직원들 꼬시기 작업은 마무리되었다. 인간은 소유욕 때문에 싸움이 일어나며 소유욕 때문에 상대를 미워한다. 모두에게 공평한 이익을 주면 상황은 종료된다. 아마도 저번에 작은 선물을 받지 못한 사람들은 나를 미워했을 것이다. 그래서 오늘 모두에게 이익을 주기로 마음먹었다. 물론 모두를 내 편으로 만들 수도 없고, 모두가 나를 좋아하게 만들 수도 없다. 하지만 작은 거라도 선물 하나씩 받았으니 적어도 나에게 인상은 쓰지 않을 것이다. 그것만 해도 외국 생활에 도움이 된다. 나는 이렇게 칸쿤 라이프를 즐기며 한 명 한 명 내 편을 만들어 가기 시작했다.

아름다운 칵테일에
빠지다

한국 여행사 상품 중 신혼 여행객들을 위한 라스베가스, 칸쿤 패키지가 생기면서 신혼 부부팀이 계속 들어왔다. 신혼부부팀은 칸쿤에서 최고급 호텔에 투숙했다. 호텔은 캐리비안베이처럼 종이 팔찌만 착용하면 호텔 내의 모든 식당, 바, 호텔 내 냉장고 음료, 시설물까지 마음대로 이용할 수 있다. 칸쿤은 1년 내내 더운 지방이다. 호텔 야외수영장들은 카리브해와 맞닿아 있고 수영장 주변에는 음료나 칵테일을 마음껏 마실 수 있게 바bar를 만들어 놓기도 했다. 그래서 투숙하는 손님들은 멕시코 칵테일 대부분을 맛보게 된다.

두 팀이 같은 일정으로 왔다. 호텔 도착 후 체크인을 하자 종업원이 웰컴 칵테일을 준다. 데낄라 선라이즈였다.

"와! 너무 예뻐요. 아까워서 마시지도 못하겠어요."

호텔 측은 신혼부부팀이 떠오르는 태양처럼 앞으로 좋은 일만 가득하라는 의미로 선라이즈 칵테일을 제공한다고 했다. 선라이즈 칵테일은 독한 맛은 아니다. 오렌지 주스, 그레나딘 시럽, 데 낄라의 조합으로 만들어진다. 오렌지 주스와 시럽 때문에 붉은색과 오렌지색을 띄고 오렌지 조각과 빨간 체리로 장식한다. 보는 것만으로도 행복한 느낌을 주는 칵테일이었다. 손님들은 호텔 측의 웰컴 칵테일로 칸쿤의 첫 이미지를 좋게 가지곤 했다.

다음 날 일정으로 이슬라무헤레스(여자의 섬)로 이동했다. 배로 40여 분 동안 카리브해를 달릴 수 있어 손님들의 최애 장소였다. 배를 타고 이동하면 카리브해의 에메랄드빛 때문에 감탄을 자아낸다. 수심이 깊은 곳도 바닥이 보일 정도로 깨끗했다. 바다만 보는 것도 힐링이다. 섬에 도착하면 스노우쿨링, 스쿠버 다이빙을 즐길 수 있다. 오전 액티비티를 마무리하고 식사 시간이 되자 신혼부부들은 멕시코에서 꼭 마셔야 하는 칵테일을 추천해달라고 했다.

나는 마가리타를 소개해줬다. 마가리타는 데낄라, 라임즙, 트리플섹이 필요하지만 멕시코는 얼음, 라임즙, 데낄라를 믹서기에 넣고 갈아서 내어준다. 얼음을 넣고 갈아서 주기 때문에 머리에 냉기가 올라올 정도로 시원하다. 또 마가리타 잔은 입구가 넓은 유리잔이다. 유리잔 때문에 오히려 마시는 것이 불편할 수 있지만, 시각적인 효과도 음식의 맛을 좌우하기에 마가리타는 보기만 해도 먹음직스러운 칵테일이었다. 유리잔은 라임을 묻혀서 소금에 빙 돌리기 때문에 잔 입구는 눈이 내린 것처럼 하얗다. 그래서 유리잔에 입을 대면 짠맛, 신맛이 같이 느껴진다. 멕시코 본토에

오면 데낄라가 들어간 얼음 마가리타를 꼭 먹어봐야 한다. 가끔 손님 중에 술을 못 드시는 분에게 추천하는 칵테일이 '삐냐 콜라 다'다. 삐냐 콜라다는 럼주가 조금 들어가지만 럼주를 빼고 파인 애플 주스와 코코넛 크림만 넣고 믹서해서 마시면 단맛이 강해 시원하게 마실 수 있다. 손님들은 독특한 멕시코식 마가리타와 삐냐 콜라다를 너무나 좋아했다.

'코로나리타'라고 불리는 음료는 마가리타 칵테일에 멕시코 맥주인 코로나를 더한 이색 칵테일이다. 맥주병을 큰 칵테일 잔

에 꽂은 모습이 독특하다. 처음에는 마가리타 맛을 즐길 수 있고
시간이 지나면 코로나 맥주 맛을 볼 수 있다. 더 많은 칵테일이
있지만 데낄라 선라이즈, 마가리타, 삐냐 콜라다, 코로나리타 4가
지만 알아도 멕시코 여행 시 칵테일을 마시는 데는 걱정이 없다.
약간의 상식만 알고 가도 새로운 여행지에선 더 풍부한 여행을
즐길 수 있다.

끊을 수 없는 야식,
타코와 콜라

이곳에 와서 톡 쏘는 탄산 매력에 빠졌다. 얼음을 꽉 채워 머리가 아찔할 정도로 띵하게 빨아당겨야 속이 풀리는 느낌이다. 그런 느낌을 받아야 하루가 잘 풀릴 듯한 마약 같은 음료가 콜라다. 콜라를 마실 때 꼭 생각나는 칼로리 최고 음식이 타코다. 누가 만들었는지 모르겠지만 타코와 콜라는 최고의 조합이다. 그런데 거의 매일 타코와 콜라를 먹으니 몸에 이상 변화가 오기 시작했다. 배가 걷잡을 수 없이 나오고 몸은 이상하리만치 작은 일에도 급피로감을 느끼게 되었다. 배가 신경 쓰여서 며칠 동안 저녁까지 굶는 노력도 해보았지만 헛수고였다. 몸은 이미 습관적으로 타코와 콜라를 원하고 있었다. 아침에 먹는 것도 최고지만 야식으로 먹으면 거의 마약 수준이다. 강하게 달려드는 고추의 매콤함, 양파의 아삭함, 풍미를 더해주는 실란트로, 레몬의 신맛까지 더해지면 헤어날 수가 없다. 그리고 이 모든 맛의 화룡점정이 바로 콜라다.

타코 식당은 보통 저녁에 오픈한다. 저녁엔 집 밖에 나가지 않는 것이 좋다. 만약 집 밖을 어슬렁거리다 타코 식당을 보면 먹어야 하는 유혹을 뿌리칠 수 없다. 코를 찌르는 고기 냄새와 또르띠야 냄새는 거의 환상적이기 때문이다. 동네를 돌면 타코를 먹어야 하고, 동네를 안 돌면 타코가 생각나서 동네를 돌아야 하니 악순환이었다. 결국 몸이 망가지고 있어 아내와 나는 헬스장을 등록했다. 돈이 아까워 억지로라도 다닐 수 있게 1년치를 등록하고 운동복, 운동화까지 구입했다. 항상 무언가를 시작할 때는 의욕이 앞선다. 의욕이 앞서 갑자기 운동량을 늘리게 되면 근육통이 생긴다. 하지만 근육통이 생기기 전까진 누구도 근육통까지 보는 혜안을 가지지 못한다. 나도 그런 혜안이 있었다면 1년치를 등록하지 않았을 것이다.

사람들로 꽉 찬 헬스장을 보고 깜짝 놀랐다. 세계적 비만 국가인 멕시코가 이렇게 운동을 좋아하다니. 사실 다니다 보면 멕시코 사람들은 전혀 운동하지 않을 것 같았다. 배는 남산처럼 나왔고 걸을 때마다 육수까지 흘리며 숨을 헐떡이는 사람들이 대부분이기 때문이다. 헬스장엔 전국의 멕시코 몸짱들을 다 불러 모은 것 같다. 남자든 여자든 몸이 장난 아니었다.

헬스트레이너에게 주의사항을 듣고 첫날 P.T를 하곤 런닝까지 마무리했다. 그런데 괜히 승부욕이 발동해 몸짱들과 경쟁하고픈 생각이 들었다. 그들과 같은 무게의 중량을 시도했다가 무게를 버티지 못하고 미끄러져 '쿵' 하는 소리에 모두 놀랐다. 어디

서든 괜히 오기를 발동시키면 안 된다는 걸 배웠다. 중간만 하면 손해는 보지 않는다. 가만히 있으면 본전은 한다. 부끄러워서 도망치듯 나왔다. 무료 요가 프로그램이 있기에 그 수업까지 마무리하고 나니 몸이 녹초가 되었다. 땀범벅인 몸을 이끌고 샤워장으로 향했다. 정확히 언급할 수 없는 이상한 느낌인데, 아무리 생각해도 이들과 샤워까지는 같이 할 수 없을 것 같았다. 아내도 마찬가지였다. 결국 우리는 땀에 젖은 채로 집에 왔다.

다음 날 몸은 엉망진창이었다. 일어날 수도 걸을 수도 없었다. 누군가에게 신나게 얻어맞은 것처럼 온몸이 쑤셨다. 하루 만에 포기하고픈 마음이 굴뚝같았다. 수많은 이유에도 불구하고 버티고 버텨 4개월이란 시간이 흘렀다. 그런데 배는 들어갈 생각을 하지 않았다. 식욕만 더 좋아지는 느낌이었다. 타코를 끊지 않으면 효과는 없을 것 같았다. 타코를 끊느냐, 배불뚝이로 사느냐 고민이었다. 아내와 나는 그냥 타코와 콜라를 먹는 체력 좋은 한멕 사람으로 살기로 결정했다. 멕시코를 떠날 때까지 타코와 콜라는 우리들의 붙박이 음식이 되었다. 결국 아내와 나는 헬스까지 마무리하며 스트레스 없이 잘 먹고 신체 건강한 돼지로 잘 살았다. 멕시코 타코와 콜라의 매력에 한번 빠지면 빠져나올 수가 없다. 우리의 의지까지도 꺾어버린 음식이 타코와 콜라다.

우족탕과
제육볶음

외국에 살면 유독 한국 음식이 더 생각난다. 어느 날 아내와 마트를 찾았는데, 멕시코는 땅이 넓고 목초가 많은 탓에 고깃값이 저렴하다. 멕시코에 살며 가장 편하게 먹었던 것이 육류였다. 육류코너를 돌며 한 주 먹을 소고기, 돼지고기를 사다 우연히 우족을 발견했다. 거의 공짜나 다름없는 가격이었다. 반가운 마음에 우족탕을 끓여보고 싶었다. 한국과 같은 맛일지는 의문이었지만, 40도를 육박하는 더위에 우족탕이라니, 나는 정말 대단한 한국 사람인가 보다. 고기를 담고 야채 코너를 지나는데 직원이 파를 다듬고 있었다. 그런데 파 윗부분을 잘라서 버리듯 바닥에 던져버리고, 뿌리 부분만 깨끗하게 다듬어 포장해서 진열하는 것이었다. 직원에게 버리는 거냐고 물으니 다 버리는 거라고 한다. 우족탕을 끓여 파를 넣어 먹으면 안성맞춤일 듯했다. 직원에게 버리는 거면 내게 줄 수 있냐고 물으니, 고개를 갸우뚱하며 불쌍하다는 표정이었다. 자신들은 먹지 않고 버리는 파 윗부분을 달라고

하니 당연했다. 그렇게 생각하든 아니든 상관없었다. 버리는 파 모두를 수거해왔다. 한참이나 먹을 수 있는 양이었다.

온 동네가 우족탕 끓이는 냄새로 뒤덮였다. 집안은 펄펄 끓었다. 우족 냄새 때문에 에어컨까지 끄고 우족을 끓이니 집 내부 온도가 장난 아니다. 무엇보다 창문까지 열고 끓이니 온 동네가 우족 냄새로 진동했다. 멕시코 우족도 신기하게 뽀얀 국물을 만들어냈다. 아내는 끓이고 물을 붓는 반복 작업을 했다.

"아니, 이게 무슨 냄새야?"

앞집의 클라우디아가 방문했다. 마치 냄새의 정체를 파악하러 방문한 것 같았다. 그냥 자수하는 게 나을 듯했다. 아내가 우족탕을 보여 주었다. 하얀 물의 정체를 파악하고선 우리를 불쌍하게 보는 것 같았다. 고깃값도 얼마 안 되는데 뼈를 사서 국물을 끓여 먹으니 불쌍해 보였나 보다. 멕시코에도 탕 종류는 많다. 한국의 내장탕 같은 '메누도'라는 음식도 있고, 해물탕 같은 '소파 데 마리스코'도 있다. 클라우디아는 메누도 같은 음식의 국물을 내기 위해 우족을 끓이긴 하겠지만 일반 가정에서는 잘 끓여 먹지 않는다고 했다. '우족은 한국에서 인기가 좋다. 몸보신으로 좋은 음식이다. 한 그릇 먹고 나면 힘이 나는 것처럼 좋다'며 열심히 설명했지만 클라우디아는 웃기만 했다. 몸에 좋은 살코기를 놔두고 뼈 국물을 먹는 민족 정도로 이해하는 것 같았다.

한 그릇 먹고 가라고 하니 손사례를 친다. 아마 친구들을 만나면 한국 사람들은 뼈 국물을 먹는, 그것도 몸에 좋다고 극찬을 하면서 먹는 민족이라고 이야기할 게 뻔하다. 그렇게 말하든 말든 우리는 점심으로 뽀얀 국물의 우족탕을 먹었다. 마트에서 버려지던 파까지 썰어 넣으니 한국에서 먹는 설렁탕 같았다. 한 그릇 비우고 나니 몸속 깊숙이에서 땀이 올라온다. 힘이 나는 것 같다. 앞으로 우족은 칸쿤 라이프에서 몸보신 음식으로 자주 먹게 될 것 같았다.

"음식 색깔이 왜 빨간색이야? 색소를 넣은 거야?"

아내가 제육볶음을 해주니 놀러 온 찰리가 빨간 색소를 넣은 거냐고 묻는다. 그런데 냄새는 너무 좋다고 했다. 난 한국인들만 먹는 특제소스라며 고추장을 보여 주었다. 고추로 만든 것인데 정말 맵다며 겁을 주었다. 매운 것에 대한 반응이 보고 싶었다. 멕시코 남자들은 그들이 강한 남성적 특징을 가진 것을 겁 없이 매운 고추를 먹는 것으로 표현하기도 한다. 매운 음식을 겁내지 않고 먹는 것을 남성성의 상징으로 여긴다니 참 어이가 없었다. 그래서 그들을 시험해 보고 싶었다.

찰리와 찰리의 18살 아들은 맵고, 단맛이 나는 것이 멕시코 음식 같다며 제육볶음을 좋아했다. 너무 잘 먹어서 놀랐다. 특히 로메인 상추에 싸서 먹는 것이 너무 좋다고 했다. 사실 멕시코 남자들은 과일이나 채소를 잘 먹지 않는다. 과일과 채소를 먹는 것이 나약함의 표시라고 여긴다. 찰리는 로메인 상추를 먹고 있으니 새로운 도전을 하는 거였다. 멕시코 사람들은 고기, 콜라를 너무 많이 먹어서 건강이 좋지 않은 것 같다며 고기와 야채를 같이 먹으니 마음이 덜 불편하다고 했다. 그러면서 한국 사람들은 머리가 좋은 것 같단다. 어떻게 고기를 먹으며 쌈을 싸서 먹을 생각을 다했냐는 것이다. 멕시코도 또르띠야에 싸서 먹지 않냐고 되물으니 야채랑 같이 먹는 것이 더 좋다고 한다. 키가 190cm인 거구의 사람이 제육볶음을 포크로 조그마한 로메인 상추에 싸 먹는 모습을 보니 웃겼다. 찰리에게 이야기하니 본인은 우리가 큰 로메인 상추를 우격다짐으로 밀어 넣으며 입이 벌어지는 것을 보면 정말 웃긴다고 했다.

찰리네와 우리는 거의 매주 서로의 집을 방문했다. 몇 주가 지나 다시 우리 집 초대다. 한국 음식도 거의 다 소개한 것 같아서 그동안 먹었던 것 중에서 뭘 해줄까 했더니 대뜸 제육볶음이란다. 찰리의 아들 카를로스가 더 좋아한단다. 부모들은 다 똑같다.

자식이 좋아하는 것은 뭐든지 해주고 싶은가 보다. 고추장이 다
떨어질 때까지 제육볶음을 해 먹었다. 그럴 때마다 찰리도 쌈 싸
서 먹는 것에 익숙해지며, 로메인 상추 크기도 조금씩 커져만 갔
고 우리의 우정도 커져만 갔다.

출산비용은
1,200만 원

우리에게 칸쿤은 점점 안전한 정착지가 되어가고 있었다. 아내는 그사이 임신을 했고 칸쿤에서의 순산을 준비했다. 아내는 일찍부터 출산만큼은 칸쿤 최고 병원에서 하고 싶어 했다. 문득 아내가 입덧이 없어 다행이다 싶었다. 아니, 입덧이 오는데도 특수한 칸쿤 상황 때문에 아내가 참아주는지도 몰랐다. 아내가 한국 음식을 먹고 싶어 했다면 정말 칸쿤에선 답이 없다. 비행기를 타고 2시간을 날아 멕시코시티 한인 타운가를 이 잡듯이 돌아다녀야 가능할지 모른다. '양념치킨이 먹고 싶어, 족발이 먹고 싶어, 김치가 먹고 싶어' 등 한국 음식을 갑자기 원한다면 난 정말 부실한 남편이 되고 말았을 것이다. 다행히 아내는 한국 음식을 먹고 싶다는 무리한 요구는 하지 않았다. 그저 복숭아만 주구장창 찾았다. 복숭아가 한국과는 다르지만 그래도 마트에 가면 구할 수 있었다.

임신하기 전 아내는 칸쿤의 헬스장에서 필라테스도 했다. 하루는 "칸쿤에서 제일 큰 병원 있지? 오늘 필라테스반에서 병원장 아내를 만났지 뭐야?" 하며 통성명까지 나눴다고 자랑했다. 아이를 가지면 꼭 그곳에서 출산할 거라 했다. 이때까지만 해도 병원비는 생각도 않고 그러라며 허락했었다. 출산일이 점점 다가왔다. 아메리카 병원에 전화를 돌렸다. 다행히 예정일 가까운 날에 병실들이 여유가 있었다. 그동안 아이의 건강을 체크했던 동네 산부인과에도 아메리카 병원에서의 출산을 알렸다. "아마 내일 진통이 시작될 거다. 그러니 내일 병원에 입원하는 것이 좋겠다"는 의사의 말에 다음 날 병원으로 직행했다. 아내는 두려워했다. 의사의 말대로 오후에 산통이 시작되었다. 심한 산고로 아내는 땀범벅이 되었고 끝내 눈물까지 흘렸다. 하지만 몇 시간째 아이는 미동도 없었다. 결국 의사는 "아이가 너무 커서 제왕절개를 하는 게 낫겠다"며 내 결정을 독려했다. 고생은 고생대로 하고 결국 제왕절개라니 어쩔 수 없었다.

병원 안에는 간호사까지 7명이나 대기하고 있었다. 울음과 함께 아이가 출산하자 내과, 이비인후과, 안과 의사가 돌아가며 아이를 검진했다. 의사들이 도열한 이유가 자신들의 전공 부분에 대해 아이 건강을 체크하는 것이었다. 마지막까지 점검을 끝낸 후 강보에 싼 아이를 나에게 보여주었다. 가슴이 찡해졌다. 강보에 쌓인 아이는 코밖에 보이지 않았다. 코 하나만큼은 정말 잘생겼다고 생각했다. 아내가 얼마나 고생했을지 짐작할 수도 없었다. 아이도 무사했고 산모도 건강했다. 병실로 옮겨진 지친 아내를 위해 뭔가라도 먹여야 했다. 병원 식사로 뭐가 나올지 궁금했다. 입원 첫날 첫 식사가 푸딩과 케이크였고, 다음 날 아침 식사로 나온 것이 샌드위치였다. 미역국까지는 바라지 않았지만 그래도 국물이 있는 따뜻한 음식 정도는 생각했었다. 빨리 퇴원하고 집에서 산후조리를 하는 게 나아 보였다. 한국 사람은 한국 음식을 먹어야 회복이 빠를 듯했다.

하루를 무사히 보낸 후 퇴원 전 원무과에 들렀다. 처음엔 입원 계산서를 잘못 봤나 했다. 금액이 원화로 1,200만 원이었다. 나는 한참 동안 뚫어져라 계산서를 확인했다. 1박 2일의 출산 비용이 1,200만 원이라니. 의사들이 아이 하나를 위해 도열하며 검사를 했던 것도 다 비용이었다. 청진기를 대고, 눈을 까집고, 심장 박동수를 체크하고, 다리를 한번 쭈욱 늘렸던 것도 다 비용에 들어간 것이다. 세상에 공짜는 절대 없다. 칸쿤에 사는 동안 아내를 위해 변변하게 해 준 것도 없었다. 아내가 그렇게 출산을 원했던 병원이기도 했기에 흔쾌히 지불하고 나왔다.

병원비와 관련된 일화가 하나 더 있다. 아이가 저녁부터 고열에다 콧물까지 흐른 날이 있었다. 날이 밝을 때까지 옷을 벗긴 후 열을 내리는 정도가 할 수 있는 최선이었다. 젖은 수건으로 닦아보기도 했지만 한번 오른 열은 쉽게 진정되지 않았다. 아이는 밤새 잠을 이루지 못하고 칭얼거렸다. 일어나자마자 동네병원으로 갔다. 입구는 굳게 닫혀 있었다. 종합병원으로 가야 하나 고심하는 사이 주차장에 하얀색 차 하나가 들어왔다. 동네병원 의사였

AMERI MED CANCUN S.A. DE C.V

R.F.C. AMC 991027 HC7

Ave. Tulum Sur Mza. 4, 5 y 9, No. 260, S.M. 7

C.P. 77500

Mpio. **Benito Juárez, Q. Roo**

Tel/Fax: (998) 8 81-34-00

AMERICAN HOSPITALS

FACTURA / INVOICE

12931

N° 12931 A

SUPERBACIÓN CANCUN REPID. BENITO JUAREZ, Q. ROO.

FECHA / DATE

02/Jun/2004

Datos del Cliente / Guarantor information

KIM SHIN HEE .

AV. CHICHEN ITZA SM. 38 M. 9 RES. LA CIEBA EDIF. 3

CANCUN, Q. ROO

MEXICO

Paciente / Patient:
SHiN HEE KIM

Usuario: Jessica de Landa

Fecha Ingreso / Date In:	02-Jun-04
Hora Entrada / Hour In:	14:40
Hora Salida / Hour Out:	14:30

Condiciones
Method of payment

Efectivo Pesos

R.F.C.

Concepto / *Summary*	Importe / *Amount*
Paquetes de Procedimientos Quirúrgicos	$10,000.00

Despues de 24 hrs. no se realizan cambios de facturas.

"PAGADO EN UNA SOLA EXHIBICIÓN"
"EFECTOS FISCALES AL PAGO"

Exchange Rate $10.00
(The Total Amount of this Bill is equivalent to USD $990.00)

Subtotal	$10,000.00
Descuento	$1,000.00
IVA	$900.00
	$9,900.00

Cantidad con letra / *Written amount:*
Son Nueve mil Novecientos Pesos .00/100 M.N

TOTAL *pesos*

다. 전에 한 번 들른 적이 있었는데, 우리를 기억해주었다.

첫 진료 때 의사는 한국에 대해 유난히 관심을 가졌다. 의사 친구가 한국 여행에서 있었던 에피소드 이야기가 대부분이었다. 식당에선 시키지도 않은 반찬, 물이 나와서 외국인한테 바가지 씌운다고 생각했고, 음식값에 팁을 합쳐 주니 팁은 다시 돌려줘서 팁도 안 받는 이상한 나라로 생각했다고 한다. 친구가 한국에서 경험했던 이야기로 한참 수다를 떨었다. 반대로 우린 멕시코에 처음 왔을 때 한국과 다른 식당 문화에 놀랐었다. '식당에서 물도 공짜로 주지 않는 나라가 어디 있냐, 미국도 아닌데 왜 팁을 받냐'며 의아해했었다. 사실 음식값은 만 원이지만 추가로 물값, 팁까지 내고 나면 만 원짜리 음식이 12,000원이 되었다. 우린 문화를 먼저 이해하기보단 그냥 적응하면서 살았던 것 같다.

의사는 문을 열며 아이를 만져보다 깜짝 놀란다. 가운도 입질 않고 아이를 체크하기 시작했다. 목도 붓고, 콧물도 많은 감기였다. 의사는 목이 많이 부었으니 더워도 당분간은 집 안에 에어컨을 자제하라고 했다. 그러면서 이 정도 열이었으면 밤새 아이가 정말 힘들었을 것이라며 위로를 건넸다. 밤새 아이 때문에 걱정이란 걱정은 다 모아서 한 것 같다. 그래도 다른 큰 병이 아니어서 다행이었다. 그런데 병원비가 10만 원이 나왔다. 그냥 목 체크하고 가슴에 청진기 한 번 대는데 10만 원이라니. 이럴 때마다 한국병원이 생각난다. 의료는 한국이 최고다.

약국에 처방전을 제시하니 약을 박스로 준다. 한국처럼 하루

2~3번 먹을 수 있도록 처방하는 것이 아니었다. 멕시코에서의 처방은 한 알씩이 아니라 한 통씩이었다. 당연히 약값도 훨씬 많이 들어갔다.

병원에 다녀온 지 이틀이 지났지만 아이는 별 차도가 없었다. 열은 조금 내렸지만, 아직도 기운을 차리지 못하고 있었다. 부모 마음은 다 같다. 내 몸이 아프면 어떻게든 버티겠지만, 아이가 금방 낫지 않으니 조바심이 났다. 다시 병원을 찾았다. 의사는 지금 나아지고 있고, 약을 7일 정도 먹을 수 있게 처방한 것이다며 걱정하지 말란다. 그러면서 아직 아이가 완전히 자란 상태도 아닌데 병을 조금 빨리 낫게 하겠다고 독한 약을 먹이면 안 된다고 했다. 한국은 아이가 아플 때 처방 약을 먹고 하루 만에도 벌떡 일어나는 경우가 있다. 우리는 그런 병원을 의사 실력이 좋다며 다른 사람들에게 소개해주기까지 한다. 사실 의사 실력이 좋은 게 아니라 의사가 처방해준 약이 독한 거다. 만약 그렇게 어릴 때 면역을 떨어뜨리면 처음에는 병이 잘 낫겠지만 나중에 아이는 아무리 독한 약을 먹어도 병이 낫지 않을 것이다.

하루는 아이가 다니는 짐보리에서 전화가 걸려왔다. 아이가 놀이기구를 타고 내려오다, 점핑을 했는데 걷지를 못한다고 했다. 서둘러 짐보리로 갔다. 아이는 우리를 보자 애써 일어나려 하지만 다리에 힘을 주지 못했다. 아무래도 발목에 문제가 생긴 듯했다. 아이를 진료해 주었던 의사에게 아는 정형외과를 부탁했다.

엑스레이를 찍어보니 발목 부분의 뼈 골절이었다. 아마 뛰어내

리면서 발목이 접질린 것 같았다. 의사는 다시 천천히 엑스레이 필름을 설명하며 깁스가 필요하다고 했다. 과연 아이가 40도를 육박하는 더위에 깁스를 버틸 수 있을까? 깁스를 하고 부목을 대고 나니 천상 환자다. 부모 속도 모르고 아이는 절뚝거리며 걷는 것을 더 즐거워했다. 외국에 살면서 가장 가슴 철렁할 때가 병원에 가야만 할 때이다. 아프면 가지 않을 수도 없지만, '어디가 아플까? 큰 병은 아닐까? 비용이 얼마나 나올까?' 걱정부터 앞선다. 이럴 땐 정말 한국이 그립다. 그리움은 그리운 대로 그냥 두는 것이라는데. 오늘 가슴 한켠 깊숙이 그리운 한국을 담아본다.

소주와 불고기로
멕시칸을 홀리다

한국 손님들이 가장 많이 가지고 오는 것이 200ml짜리 여행용 소주다. "이거 칸쿤에선 귀한 거지? 정말 생각해서 주는 거야"라며 굳이 생색을 내시는 분도 있고 "한국 생각날 때 소주 한 잔씩 해요"라며 건네기도 한다. 하지만 이미 집에는 소주가 가득했다. 술을 잘 못 먹기도 하지만 더운 칸쿤에서는 맥주 1캔이면 충분하기 때문에 소주는 늘 보물창고에 가득히 쌓여 있다. 소주는 멕시코 친구들을 위한 선물 용도로 사용했다. 선물로 준 소주를 마시지 않고 진열장에 보관하는 친구도 있었다. 새겨진 한글뿐 아니라 플라스틱으로 만든 술병이 너무 예쁘다는 것이다. 다음 초대 때 가보면 소주를 마시지 않고 신줏단지 다루듯 모셔둔 모습을 볼 수 있었다. 더 줄 테니 마시라고 해도 절대 마시지 않는다. 더 주면 더 주는 대로 진열한다. 아무래도 내가 선의의 거짓말을 해서 그런 것 같기도 했다. "소주는 쌀로 만들기 때문에 한국에서도 가격이 싸진 않다. 너희들이 싸게 마시는 데낄라도 한국에서 비싸듯 소주도 운반비용까지 더해지니 멕시코에선 비싼 술인 셈이다"라고 말했기 때문이다.

사실 소주는 쌀로 만드는 것이 아니다, 우리가 마시는 버블티의 까만 전분인 타피오카, 감자, 옥수수, 고구마, 정부미를 섞고 효모로 발효한 후 당을 섞어 만든 것이다. 그런데 이런 과정을 어떻게 일일이 스페인어로 자세히 설명할 수 있단 말인가? 정부미가 들어가니 그냥 쌀로 만든 것이라고 말한다. 그런데 다른 건 안 듣고 비싸다는 말만 듣고선 귀한 것이라며 마시지 않는다.

승마를 가르치는 50대 중반의 강사가 있었다. 멕시코 사람들은 일찍 결혼하다 보니 50대 중반이면 벌써 손자, 손녀가 있다. 그래서 할아버지 강사라고 부른다. 할아버지 강사는 술을 너무 좋아했다. 레슨이 끝나고 수고했다며 시원한 맥주라도 사주면 그렇게 좋아한다. 어느 날은 소주를 선물로 주었다. 소주와 맥주를 섞어 마시면 나쁘지 않다고 하니, 이걸 가르쳐준 후부터는 맨날

소맥만 마셨다. 그 이후 수업만 끝나면 소주 안 가져왔냐며 묻는다. 그러다 승마를 가르쳐 준 고마운 마음에 소주를 5병이나 가져다준 적이 있었다. 그런데 그날 내가 보는 앞에서 5병을 다 마셨다. 그러곤 혀가 꼬여서 말을 제대로 하지도 못했다. 심지어 승마장에서 3km 떨어진 자기 집으로 가는데 말을 타고 가겠다는 것이었다. 떨어지면 크게 다치니 절대 그러지 말라고 해도 끝까지 말을 타고 가시겠다며 고집을 부렸다. 결국 너무 불안해서 같이 가겠다고 했더니, 자기 뒤에 타란다. 술 취한 할아버지 때문에 말은 더 힘들었을 것이다. 말 타는 음주운전자를 보긴 처음이었다. 그리고 나는 음주운전을 방관하는 죄와 동석의 죄를 범했다. 다행히 가는 동안 경찰도 없었고 음주 측정도 없었다. 그날 이후

로도 할아버지 강사는 나만 보면 소주를 달라고 했다. 처음부터 할아버지에게도 비싼 술이라고 선의의 거짓말을 했으면 어땠을까?

멕시코는 매주 주말마다 파티다. 즐기지 않으면 안 될 것 같은 날들의 연속이었다. 음악과 함께 신나게들 노는데 그냥 있으면 우리만 이상한 사람이 된다. 더 활발하게 움직여야 그들도 같이 놀아준다. 외톨이로 살면 그들도 절대 초대하지 않았다. 어디든 친화적인 사람을 좋아하는 것 같다.

집 앞 잔디밭에서 우리도 오랜만에 불판을 올렸다. 맨날 먹는 고기보단 불고기를 택했다. 주말이면 경쟁이라도 하듯 다들 테이블과 간이의자를 잔디밭에 깐다. 구워 먹는 고기를 위해 이 집도 저 집도 불 지피기에 바쁘다. 연기에 질식할 것처럼 불을 피워댄다. 휴대용 가스버너가 힘을 발휘할 때가 되었다. 멕시코는 가스버너가 없고 부탄가스도 당연히 없다. 부탄가스는 멕시코시티 한국 식품점에나 가야 구할 수 있다. 그래서 자주 사용하질 못한다. 불을 켜고 후라이팬에 불고기를 익히기 시작했다. 이웃들이 냄새를 맡고 하나둘 찾아왔다. 이런 건 어디서 사냐며 가스버너를 보고 난리다. 다들 바비큐 탄에 불 지피느라 고생인데 불고기는 벌써 익고 있었다.

오늘은 상추를 준비하지 않고 또르띠야와 고추장을 준비했다. 불고기를 또르띠야에 싸서 먹고 소스는 고추장을 사용하기로 했다. 한국과 멕시코 음식의 조합을 발휘해보기로 했다. 모여든 이웃들에게도 한 쌈씩 해보라며 또르띠야 하나씩을 건네보았다. 익숙지 않은 젓가락을 사용하며 웃음꽃이 핀다. 포크로 하려니 고기는 잘 집히는데 양파 같은 야채는 흐물흐물해서 영 말을 듣지 않는다. 그래도 거부감 없이 한국 음식을 먹어보려는 시도가 고마웠다. 모두들 맛나다며 난리다. 빨간색의 고추장도 신기해했다. 옆집 아주머니는 불고기가 멕시코 음식, 소고기 파히타_{Fajita de Res} 하고 같다며 멕시코 음식 따라 한 거 아니냐며 웃는다. 더하여 밥 위에 불고기를 올린 불고기백반을 가장 한국적인 음식 중 하나라고 소개했다. 비벼서 먹어보더니 달콤한 맛에 감탄한다. 오늘 한국의 휴대용 가스버너와 불고기백반은 인기 만점이었다.

세상은 낯선 것에 호응하는 사람, 거부하는 사람들의 공존이기도 하다. 이웃은 가스버너, 불고기 백반이라는 낯선 것에 과한 호응을 주었다. 호응은 상대방을 기분 좋게 하는 마력이 있는 것 같다. 근데, 갑자기 궁금한 게 있다. 가스버너가 탕, 삼겹살을 좋아하는 한국인 음식문화 때문에 만들어졌다고도 하는데… 휴대용 가스버너를 만든 진짜 이유는 무얼까?

몬테알반 메즈칼 애벌레는
행운의 상징

　자로 긋는다고 해도 이렇게 똑바로 선을 그을 수 있을까? 칸쿤
부터 메리다까지의 고속도로는 일자형이다. 운전대를 잡지 않고
도 똑바로 갈 수 있다. 관광버스의 속도계는 자동이 가능하다.
110km를 입력하면 엑셀을 떼도 110km 속도로 자동 운행된다.
속도를 자동으로 놓는다는 것은 정체 현상이 없다는 것이고 도
로는 일직선이라는 것을 반증한다. 하지만 40도 기온과 습도를
듬뿍 받은 도로는 금방이라도 휘어질 듯 녹초가 되어있다. 운전
자는 편하지만 지루하여 종종 졸음운전으로 이어진다. 고속도로
엔 경찰도, 단속카메라도 없다. 운전대를 잡은 사람 마음이다. 운
전대를 잡은 사람이 조금 더 욕심을 내면 속도는 무한정으로 올
릴 수 있다. 하지만 욕심 낸 흔적들은 도로 곳곳에 남겨져 있다.
타이어 바깥 부분이 마치 도넛 모양으로 벗겨져 뒹굴고, 갑작스
런 속도 제어로 검은 타이어 자국이 도로를 따라 갈짓자를 그려
놓았다. 주위 풍경도 정글 지역으로 똑같다.

마야문명으로 향하는 길은 첩첩산중 오지를 달리며 그들 문명 속으로 조금씩 빨려 들어가는 느낌이었다. 그렇게 정글 지역을 따라 깊숙이 3시간을 달리면 신기루처럼 나타나는 곳이 치첸이 싸다. 치첸이싸 주위에는 아직도 마야 후손들이 독특한 문화를 형성하며 살고 있다. 그들은 목이 짧고, 키는 작고, 코는 메부리 코처럼 길며 딴딴한 체형을 가졌다. 주로 식당, 유적지, 가게에서 일하며 그들의 터전을 지키고 있다.

"아니, 저 병에는 왜 애벌레가 있어?"

메즈칼 술을 보며 누군가 질문했다. 메즈칼이라는 술은 멕시코 전통술이다. 용설란이라는 식물로 만드는데 할리스코주에서 생산하는 것을 데낄라, 다른 지역에서 생산하는 것은 메즈칼이라고 한다. 소주가 서울 경기는 참이슬, 충청도는 린, 부산은 대선 소주인 것과 같은 느낌이다. 물론 모든 메즈칼에 애벌레가 들어가 있는 것은 아니다. 고급 메즈칼에는 애벌레도 없고 색깔도 맑은 색인데, 가격이 저렴한 메즈칼에는 애벌레도 들어있고 색깔도 황금빛이 난다. 애벌레(구사노)는 아가베 잎이나 줄기에 사는 벌레로 이 벌레를 메즈칼 만들 때 넣은 것이다. 애벌레를 먹은 사람은 행운이 들어온다는 속설 때문에 술값을 내기도 하고, 용기 있는 사람이라는 의미도 있다고 한다. 당연히 애벌레는 식용 가능한 것이다.

"우리 점심 먹으면서 한 잔씩 하게 저거 하나 사는 게 어때?"

일단 공금으로 지불하고, 애벌레 들어간 잔을 마시는 사람이 돈을 내기로 했다. 몇 순배를 돌고 마지막 잔이 건네졌다. 하지만 애벌레가 들어간 잔을 든 손님은 징그러워 못 마시겠다며 돈은 낼 테니 나보고 마시란다. 난 눈 딱 감고 들이켰다. 나에겐 어떤 행운이 다가올까? 구사노를 통해 멕시코 미신에 빠져들어 보지만, 사실 애벌레는 단백질 덩어리기 때문에 건강에는 좋다.

투어를 마무리하고 돌아오는 길, 차가 갈짓자를 그리며 왔다 갔다 한다. 운전기사가 졸고 있었다. 기사에게 정신 차리라며 주의를 주고 안 되겠다 싶어 톨게이트를 나가자마자 갓길에서 잠시 휴식을 취했다. 운전자는 콜라도 마시고 화장실도 갔다 오고 세수까지 하면서 졸음을 쫓았다. 나까지 졸았다면 대형 사고로 이어질 수 있었는데 다행이었다. 운전자의 졸음을 막는 바람에 사고를 막을 수 있었다. 사고를 방지한 것이 얼마나 큰 행운인가. 아까 마신 애벌레 잔이 행운을 가져다준 것 같다. 기운을 차린 버스가 힘차게 도로를 달린다.

크리스마스 시즌은
멕시칸처럼

외국에 살면 병원, 음식, 문화 등 고민거리가 많다. 그중에서 먹거리만큼 고민거리가 있을까? 한국에선 집밥이 싫을 때 배달을 하든, 슬리퍼 차림으로 나가 순대국을 먹든, 라면에 김밥을 먹든 한 끼 해결이 어렵지 않다. 입맛에 맞는 음식들이 도처到處에 있다. 타코taco 정도가 고작인 멕시코에서 한국 음식을 원하면 멕시코시티까지 2시간 비행이 필요하다. 호기심을 이기지 못하고 열어버린 판도라 상자처럼, 하지 말라면 더 하고 싶은 것이 인간의 마음이다. 없다 보니 간절해지고 더 찾게 된다. 그래서 가끔 미친 척하고 멕시코시티까지 한국 음식 탐방을 진행하기도 했다. 그렇다고 매번 미친 짓을 할 순 없었다. 그럴 때마다 마음의 위안을 받을 수 있는 최적의 외식 장소가 코스트코costco였다. 음식이 빵 종류 일색이지만 외식한다는 기분을 내기엔 가성비 최고 음식들의 집합소다.

코스트코는 일요일 우리 가족의 일상적 방문 장소가 되었다.

에어컨 팡팡해서 좋고 일주일 동안 먹을 재료를 준비할 수 있어서 좋고 새로 나온 신제품을 구경하며 시간을 보내서 좋았다. 더하여 야외코너에선 피자 한 조각, 핫도그 등으로 가볍게 한 끼 식사를 해결할 수도 있었다. 사람 마음은 모두 같은지 대부분 우리와 비슷한 코스를 밟았다. 좀 전에 내부에서 보았던 멕시칸들이 모두 야외 음식코너에 자리하고 있다. 배식구 앞에는 주문한 음식을 기다리며 길게 꼬리를 늘어트리고 있다. 음식을 받으면 토핑 셀프 코너도 경쟁이다. 본품보다 더 많은 양의 양파, 할라피뇨, 피클을 토핑한다. 소스 토핑도 마찬가지다. 경쟁하듯 케첩, 머스터드, 마요네스를 듬뿍, 아주 듬뿍 올린다. 얇았던 핫도그가 뚱땡이가 되어, 두 손으로도 잡을 수 없는 어마어마한 크기가 되었다. 토핑이 만들어내는 마술이다. 그런데 이게 맛있다. 한 입 베어 물고 콜라까지 마시고 나면 세상의 모든 행복이 코스트코 야외코

너에만 모여 있는 것 같았다. 먹을 때만큼 행복 수치가 올라가는 것이 또 있을까? 인상 쓰며 불편하게 먹는 사람들은 아무도 없다. 어쩌면 그래서 더 자주 찾아오고 싶은지도 모르겠다. 이들이 내뿜는 행복의 기운과 경쟁하듯 끝없이 내뱉는 말의 기운까지, 더하여 행복하게 먹은 내 핫도그 하나면 코스트코는 가성비 최고의 외식지다.

12월이 되면 어느 나라든 사람들의 마음이 부산해지며 들뜨기까지 한다. 칸쿤 곳곳에서도 느껴지는 감정선이다. 사람들은 평소보다 발걸음이 더 빨라진 것 같고 일이 끝나면 더 빠르게 집으로 향하는 것 같다. 월마트 야외에 판매용 구상나무가 끝없이 자리하고 있다. 크리스마스 시즌이 다가온 것이다. 살아서 천 년, 죽어서 천 년이라는 구상나무는 크리스마스트리로 최고다. 구상나무를 싣고 가는 모습도 다양하다. 트렁크에 실려진 구상나무는 닫히지 않은 트렁크의 끝없는 위협을 받으며 이동하고, 차 지붕에 실려진 구상나무는 운전석과 조수석에서 뻗은 손에 의지한 채 아슬아슬하게 이동했다. 모두 경쟁적으로 구상나무를 싣고 옮겼다. 구상나무에 대한 집착은 구상나무 없인 크리스마스를 제대로 맞이할 수 없을 것 같은 착각까지 불러왔다. 그렇게 옮겨진 구상나무는 더없는 아름다움을 뽐내며 크리스마스트리로 재탄생될 것이다. 저녁이면 거실마다 트리 조명이 숨을 쉰다. 어떤 집은 빠르게, 어떤 집은 천천히.

가톨릭 국가인 멕시코는 연말이 다가오면 모든 집이 축제 현장으로 바뀐다. 쇼핑몰, 시청, 로터리 주변 등 어딜 가든 대형 크리스마스트리를 볼 수 있고, 그 정점을 크리스마스로 마무리한다. 가게 주인들의 인심도 넉넉해진다. 물건이 잘 팔리기도 하지만 크리스마스가 다가오면 전체적 분위기가 흥분 상태로 돌입하기 때문이다. 그래서 그런지 사람들의 마음도 더 넉넉해진다. 특히 크리스마스 때는 흩어진 가족들이 다 모인다. 선물을 주고받고 서로의 안녕과 건강을 기원한다. 한국의 명절처럼 가장 아름다운 날이 크리스마스다.

크리스마스 시즌이 되면 우리 가족도 바쁘다. 초대하는 멕시칸들이 늘어나기 때문에 이 집 저 집 불려 다니기 바쁘다. 사실 초대 받아 가보면 특별한 것은 없다. 그냥 좋은 음식 나눠 먹고 담소 나누며 맥주 한 잔씩 하는 것이 전부다. 하지만 가장 특별한 한 가지가 있다. 크리스마스이브인 12월 24일 밤 11시 50분부터 시작하는 폭죽놀이는 25일로 넘어가는 12시가 되면 절정을 이룬다. 집집마다 쏘아 올린 폭죽이 온 동네를 축제의 절정으로 이끈다. 집집마다 터져 나오는 웃음소리는 폭죽을 따라 이 집 저 집 이동하며 온 동네를 행복하게 만든다. 놀이가 끝나면 폭죽에 이어지는 화려함이 밤새 이어진다. 사람들과 어울리기 좋아하는 아내는 그런 자리는 절대 빠지지 않는다. 그런 아내 덕분에 나도 껌딱지가 되어 꼭 참석한다. 1년 중 가장 행복한 민족 멕시칸의 크리스마스는 특별하다.

한 번도
경험해보지 못한 공포

'자연재해, 자연의 분노, 자연의 울부짖음, 무참히 사용한 대가, 고요함 속의 처절함, 극도의 숨 떨림, 쇠가 찢어지는 듯한 소리… 무섭다, 이러다 죽을 수도 있겠다, 이러다 죽으면 정말 개죽음이다.'

칸쿤에 들이닥친 허리케인은 한 번도 경험하지 못한 공포감을 주었다. 멕시코에서는 허리케인을 '우라깐huracan'이라고 한다. 뱀을 신으로 섬긴 마야인들은 우라깐을 뱀의 분노, 뱀의 눈물로 이야기한다. 칸쿤에 뱀의 눈물이 며칠째 휘감고 있다.

방송에서도 난리다. 역대급 허리케인이 칸쿤을 강타할 것이라고 앞다투어 보도했다. 도시는 곧 폭발할 듯하면서도 고요했다. 아니, 고요하다 못해 정막했다. 폭풍 전 고요함에 사람들의 웃음기도 사라졌다. 모르는 사람과도 눈인사하던, 멕시코 사람들의 여유로운 감정도 사라져버렸다. 그 팽팽한 긴장감에 내 심장도 콩닥였다. 긴장을 뒤로하고 저녁거리 준비를 위해 월마트로 향했

다. 그 넓은 주차장이 차들로 가득했다. 입구 가까운 곳에 주차하기 위해 몇 바퀴 돌던 평상시와는 분위기가 달랐다. 빽빽한 수초 사이에 비친 하얀 비늘을 찾기 위해 눈을 부라렸다. 입구 카트 보관대도 휭하다. 사람들도 바쁘게 들락인다. 카트 보관대에서 몇 분을 서성이자 카트 하나가 다가온다. 월마트 내부로 이동한다. 근데 내부 거치대에 물건들이 달랑달랑했다. 멕시코 사람들은 카트가 찢어질 듯 담고 또 담았다. 사재기였다. 허리케인이 얼마나 머문다고 저렇게 사재기를 한담? 우리는 빵과 약간의 고기와 과일, 생수 몇 병만 구입했다. 집에 도착하여 주차를 하는데, 옆집은 유리창에 합판을 대고선 못질까지 하고 있었다.

"역대급 태풍이 온대, 우리처럼 태풍에 대비하는 게 나을 거야."

옆집 아저씨는 나를 보더니 경고하듯 말했다. 살면서 그런 태풍은 한 번도 경험해보지 않았다. 경험이 없기 때문에 더 우매했다. 아무리 바닷가 칸쿤이지만, 내가 살아왔던 한국도 매년 9월이면 어마어마한 태풍들이 왔었다. 심하다고 해도 가로수 몇 그루 넘어지고 산사태 조금 나면 끝이었다. 이곳 칸쿤은 산도 없으니까 산사태 걱정은 안 해도 되고 얼마나 좋은가. 그래도 조심하는 게 나쁠 건 없으니 충격 방지로 유리창에 테이프는 붙였다.

평상시처럼 간단하게 저녁을 먹고 컴퓨터 게임을 즐기고 있었다. 뉴스에서 떠들고 유리창에 합판까지 대는 부산스러움에 맞지 않게 밖은 너무나 고요했다. 바람 한 점 없었다. 이때까지만 해도 '참 다들 유별나다, 자고 일어나면 허리케인은 끝일 텐데…' 싶었다. 10시가 넘자 조금씩 빗방울이 내리기 시작했다. 바람도 불기 시작했다. 점점 빗방울이 굵어졌다. 바람도 더 세차게 불었다. 그러다 다시 잠잠해졌다.

우리 가족은 잠을 청했다. 얼마 후 어디선가 귓가를 찢어놓는 바람소리가 들려왔다. 창문 틈새를 따라 순서를 기다리며 바람이 밀려오고 있었다. 기분 나쁠 정도의 과한 찢어짐 소리였다. 비는 폭풍우 정도의 거센 양이었다. 세찬 바람이 힘 모아 우리 집을 때리는가 싶더니 '쨍그랑' 소리가 났다. 전기도 들어오지 않았다. 거실 유리창이었다. 촛불에 비친 거실 유리창은 영화 속 유령의 집처럼 완전히 박살 나 있었다. 박살 난 유리창 사이로 비바람이 들이쳤다. 숨 쉴 여유도 주지 않고 몰아붙였다. 순식간에 거실은 빗물로 가득했다. 이러다간 금방 발목까지 차오를 것 같았다. 밤새 물을 퍼내고, 깨진 유리창을 침대 매트리스로 봉합했다. 한번 몰아친 비바람은 멈추질 않았다. 다음은 큰방 유리창이 작살났다. 이제 빗물이 방까지 들이닥쳤다. 무서웠다. 태풍은 나에게 보란 듯이 본때를 보여주었다.

밤새 어떻게 대처했는지 모르겠다. 밖은 물바다였다. 물은 차올라 차들을 수영하게 만들었고 야자나무는 힘없이 꺾여 있었다. 그런데 아무도 밖으로 나오지 않았다. 임시방편으로 청소를 마무리하고, 깨진 유리창은 욕실 커텐으로 입마개 하는 것으로 마무리했다. 낮 동안의 태풍은 아무 일 없다는 듯, 약간의 비만 내리며 본색을 감추었다. 그런데 저녁부터 또 비가 세차게 내리기 시작했다. 아직 태풍은 달아난 것이 아니었다. 어제보다 더 심하게 몰아치며 우리 집을 초토화시켰다. 욕실 커텐 사이로 들이닥친 빗방울을 막느라 완전히 녹초가 되었다. 날이 밝자 방공호를 벗어난 사람들은 무용담을 늘어놓기 시작했다. 나만 너덜너덜해진 몰골이었다. 태풍은 칸쿤을 지나 미국으로 물러났다.

이웃의 도움으로 유리창 교체할 곳을 찾았지만, 당분간은 힘들다고 했다. 업체도 허리케인 피해로 당분간 영업 중지란다. 임시방편으로 바람막이할 것이라도 사야 했다. 아파트 입구 시큐릿 문을 지나고 밖으로 나가니 이건 전쟁터였다. 거리가 초토화되었다. 주유소의 지붕은 날아가 버렸고 벽은 무너져 주유소 주변을 나뒹굴고, 넘어진 가로수는 차도를 점유하고 있었다. 차들이 마치 실타래처럼 엉켜 있었다. 도로는 주차장이 되었다. 마트로 진입하는 도로변에 멕시코 사람들이 가득했다. 차가 진입하자 득달같이 달려들어 차 유리창을 두드렸다. 사람들이 무서웠다. 두려움에 떨며 차를 집으로 돌렸다. 결국 마트는 식수, 식량을 구하러 온 사람들의 약탈장이 되었다.

허리케인으로 도시는 통제 불능의 무법천지가 되었다. 이후 전기가 들어오기 전까지 밖에 나가지 않았다. 깨진 유리창엔 임시방편으로 욕실 커텐과 거실 커텐을 덧대고 못을 박아 마무리했다. 칸쿤에서의 삶이 갑자기 임시방편이 되어버렸다. 가장 멋진 바다를 품은 칸쿤이 자연의 힘 앞에 맥없이 무너졌다. 초토화된 칸쿤과 내 마음은 언제쯤 회복될 수 있을까.

나의 생활은
멈춰버렸다

휴양 도시의 가장 큰 장점은 멋진 해변과 야자수다. 그런데 최고의 휴양지를 자랑하던 칸쿤은 허리케인으로 초토화되었다. 일부 해변 모래사장은 완전히 쓸려 내려가 해변이 사라졌고 야자수 나무는 뽑히고 꺾여 앙상했다. 호텔들은 그렇게 자랑하던 오션뷰의 유리창이 모두 깨져버렸다. 아름답던 호텔 지역은 전쟁터의 잔재만 남은 듯 공허했다. 발 빠르게 최선을 다하고 있지만 더딘 일정이었다. 세월이 흐르지 않는 이상 빠른 복구는 어려워 보였다.

급기야 해변엔 바다로 쓸려간 모래들을 끌어모으는 장비까지 동원되었다. 바닷가에는 사람도 들어갈 수 있는 큰 검은 관통을 바닷물 깊이 들이대고 모래들을 빨아들이고 있었다. '저렇게 큰 흡입기가 있나?' 할 정도다. 흡입기는 바닷물을 따라 경계선처럼 가냘프게 남겨진 해변 위로 연거푸 모래들을 토해내고 있었다. 그런데 저렇게 한다고 모래사장이 복원될까? 하지만 군데군데

설치된 관통들은 계속해서 모래를 토해내며 모래탑을 쌓고 있었다. 저 모래탑이 무너져 주위까지 번진다면 사라진 모래사장도 금방 복구될 거라는 희망을 가져본다.

야자수는 잎이 사라져 덩그러니 몸통만 남겨져 있고, 어떤 야자수는 몸통마저도 허리케인의 비바람에 쓸려 벌거숭이가 되어버렸다. 옷이라도 입히고 싶을 정도의 처참한 모습이었다. 다시 푸르름을 얻기 위해 얼마나 많은 고통의 시간을 보내야 할까. 사라지는 것은 쉽지만 다시 복원하는 것은 뼈를 깎는 고통이 필요하다. 인간의 실패도 그렇다. 성공의 길로 가기 위해선 숱한 몸부림이 필요하다.

호텔 지역을 둘러서 다시 다운타운을 지난다. 다운타운도 마찬가지다. 깨지고 부서지고 넘어졌다. 사람들은 깨지고 부서지고 무너진 것들을 철거하지만 마음은 더 깨지고 부서지고 무너진 것처럼 보인다. 깨진 칸쿤을 보는 내 마음도 부서지고 무너졌다.

유리창 복구는 더 기다려야 했다. 주문 예약이 밀려서 정확한 날짜를 줄 수 없다는 말만 반복했다. 어려운 시기에도 어떤 일은 대박이 나고, 어떤 일은 파리만 날린다. 유리창 업체는 허리케인으로 인한 대박을 알고 있었을까. 허리케인이 지나고 나니 날씨는 더 습했다. 깨진 유리창 사이 아니, 욕실 커텐의 임시 가림막 틈새로 모기들이 기승을 부렸다. 저녁이면 모기로 인해 피부 긁어대는 소리만 가득했다. 있을 땐 소중함을 모른다. 모든 것이 다 갖추어져 있을 땐 항상 그럴 줄 안다. 그래서 가끔 없어져 봐야 그 소중함을 아는 것 같다. 아주 사소한 거실 유리창도 마찬가지였다.

오후에 교체 가능하다는 유리업체의 전화가 걸려왔다. 이게 뭐라고 거실을 뛰어다닐 정도로 기쁜 것인가. 그날 밤 가족들은 웽웽이는 소리 없이 오랜만에 꿀잠을 잘 수 있었다. 매섭게 들이닥친 허리케인의 잔재도 하나씩 하나씩 조심스럽게 사라져 가며 이전의 자리로 찾아가는 듯했다. 부산하고 긴장했던 마음이 진정되고 나니 주위를 둘러볼 여유가 생겼다.

그런데 일이 없다. 운 좋게 찾아온 여행사 일이었다. 그동안 열심히 했고 평판까지 좋아져서 많은 손님을 만날 수 있었다. 이젠 마이크를 잡고 2박 3일 떠들 수 있을 정도로 말주변도 늘었다. 무엇보다 그렇게 열변을 토하고 나면 격하게 반응하는 손님들로 인해 즐거움은 더했다. 오랫동안 찾았던 천직으로 여겨질 정도였다. 가끔 안 가던 길도 가봐야 하고 안 하던 일도 해봐야 한다는 것을 알게 되었다. 나하고는 전혀 맞지 않을 듯한 옷이 처음에는 어색했지만, 몸에 맞는 옷처럼 맞춤복이 되어가는 과정을 느꼈다. 사람은 '맞다, 아니다'의 2분법으로 확신할 수 없는 것 같다. 일단 그 옷을 입어보고 시간이 지나 자연스럽게 맞추어지면 좋은 거고 아니면 그 옷을 벗으면 그만이었다.

맞는 옷을 입다 보니 일은 재미있고 신났으며 그 재미난 일 덕택인지 돈도 같이 따라왔다. 어떤 때는 달러 보관할 곳이 없어 휴지통 바닥에다 넣어두고 깜빡할 정도였다.

그런데 갑자기 나의 생활이 멈추어 버렸다. 나에게 찾아온 대운이 이렇게 짧은 시간에 멈추다니 허망하기까지 했다. 일이 없다 보니 잦은 말다툼도 생겼다. 아내는 항상 이해하고 용기를 주던 사람이었다. 하지만 나의 감정이 격해지고 또 격해지니 아내와의 갈등도 지속되었다. 일이 없어 무료하고 아내와의 갈등으로 마음까지 갉아먹는 날이 계속되었다.

모든 걸 내려놓으니
삶이 이어졌다

생활비를 마련하기 위해 차를 팔아야 했다. 허리케인의 후유증은 심했다. 가장 심한 것은 가정이었다. 허리케인으로 인해 일이 없어졌다. 미디어상에 칸쿤 허리케인 소식이 과도하게 나간 것도 원인이었다. 그동안은 저축한 돈으로 버틸 수 있었다. 하지만 딱 거기까지였다. '더 버틸까, 아니면 다른 결정을 내려야 하나' 선택의 기로에 섰다. 버틸 경우 언제까지라는 기간을 정해야 했고 다른 결정을 위해선 완전하게 판을 뒤집어야 했다. 처음에 가이드로 시작했던 일은 결국 칸쿤에 여행사를 차릴 정도가 되었고, 브라질, 과테말라 한인들이 나를 통해 칸쿤을 찾았으며 미국 거주 한인들도 칸쿤을 연속적으로 찾았다. 그런데 허리케인으로 손만 빨게 된 것이다. 몇 달 전에 다녀간 미국 손님이 생각났다.

"내가 LA에서 스시 숍을 운영하는데 직영점이 꽤 돼. 그런데 믿을 만한 직원이 없어. LA에는 멕시칸들이 많이 살고 내 가게에도 멕시칸들이 일을 많이 해. 근데 멕시칸들은 언제 뒤통수를 칠지 몰라. 그래서 맨날 초긴장이야. 믿을 만한 한국 사람이 필요한데 미스터 남이 잘할 수 있을 것 같은데."

불모지나 다름없는 미국 땅에서 너무 힘들게 일을 시작했다는 손님은 결국 스시 숍을 차리면서 대박이 났다고 했다. 그런데 매장이 늘어나면서 관리자가 필요하다고 했다. 직원 대부분이 라틴계 사람들이라 스페인어 잘하는 한국 사람이 필요하다며 나보고 칸쿤에 있지 말고 미국으로 오라는 프로포즈를 하셨다. 장기적으로 보면 아이들 교육 문제도 있으니 미국이 훨씬 낫지 않느냐며. 그리고 젊은 나이에 더 큰 꿈을 펼쳐보는 게 어떠냐? 이 시골 칸쿤에서 젊고 열정 가득한 사람이 산다는 게 이해되지 않는다며 질타도 하셨다가 프로포즈도 하셨다가 마지막엔 부탁까지 하셨다.

살다 보면 우연한 만남으로 인해 새로운 인연과 기회가 생긴다. 결과론적이지만 당시 이 프로포즈를 받고 내가 미국 땅을 밟았다면 지금 어떤 삶을 살고 있을까. 물론 더 잘산다는 보장은 없다. 더 험하고 열악하게 살았을지 아무도 모른다. 그런데 솔직히 새로운 세상으로의 삶이 무서웠다. 멕시코 이민 생활도 우리가 결정했지만, 초창기 맨땅에서 지금까지의 삶을 일구며 얼마나 힘들었는지 모른다. 물론 긴 인생을 보면 지금 시간이 아무것도 아닐 수 있다.

한국인에게 칸쿤이 알려진 것도 이제 시작이었다. 이 시작이 꽃도 피워보지 못하고 저물진 않을 것이라는 믿음이 있었다. 허리케인의 잔재가 복구되고 다시 에메랄드빛 바다를 찾을 때면 반드시 손님들이 몰려들 것이다. 우리는 버티기로 결정했다. 차까지 팔며 마지막 버티기 작전에 돌입했다.

"뭐라고? 하루 막노동 일당이 한국 돈 1만 원이라고?"

넋 놓고 무작정 기다리는 것보다 안타까운 건 없다. 칸쿤에 사는 외국인이 자신의 일을 잃어버렸을 때, 할 수 있는 일은 무엇일까. 혹 내가 가진 사업체가 무너져 멕시코 사람들이 하는 일을 한다면 무엇이 있을까 생각해보았다. 한국에선 일이 사라지고 사업체가 무너지면 막노동, 야간택배 분류작업 등 할 수 있는 일들이 그나마 있다. 물론 그 일들이 얼마나 고되고 눈물 나는 일인지는 내가 해봐서 안다. 막노동은 허리가 부서질 것 같고, 다리가 후들거려 걸을 수 없을 정도로 고된 일이고, 야간택배 분류작업은 자정 12시 식사 시간을 제외하면 허리 한번 펼 시간 없이 매달려야 할 정도로 고된 일이다. 그래도 정말 일이 없어 먹고살려면 이 방법이라도 시도해야 한다.

대학 시절 아르바이트로 가장 많이 했던 것이 주말을 이용한 막노동이었다. 고달프고 힘들었지만 일당이 좋았고 중간마다 간식과 일이 끝나고 나면 담배까지 주었기 때문에 막노동은 최고의 일이었다. 그런데 멕시코는 달랐다. 막노동에 하루종일 매달려도 한국 돈 1만 원밖에 안 된다. 그러다 보니 막노동 현장에서 막일하는 사람들은 또르띠야 몇 장과 물 한 병이 식사의 전부다. 물론 한국처럼 식사를 챙겨주는 것도 없다. 다 본인이 해결해야 한다.

방바닥 타일이 깨져서 인부들을 고용한 적이 있다. 인부들은 문을 잠그고 들어가서 하루종일 먼지와 함께 일을 했다. 잠깐의 휴식도 없었다. 그들은 일이 종료되는 시간까지 나오지도 않고 무식할 정도로 일을 했다. 그 성실함에 혀를 내두를 정도였다. 그렇게 허리 한번 안 펴고 일을 해도 점심 한 끼 없는 일당 1만 원이다.

종업원으로 일을 한다 해도 한 달에 한국 돈 30여만 원 정도가 고작이다. 은행원의 월급이 한 달에 40여만 원이 최대이니 멕시코 임금은 너무 저렴했다. 결국 내 일이 없으면 멕시코에 살 이유가 없었다. 또르띠야 몇 장 먹어가며 멕시코에 살 이유는 없는 것이다. 그렇게 목숨을 부지할 바엔 한국으로 다시 철수하는 것이 옳았다. 어쩌면 한국으로 돌아가야 할 수도 있었다. 차를 팔고 난 비용까지 한계점에 도달해가고 있었다.

"멕시코 집을 판 금액으로 한국에 가면 작은 아파트 전세라도 얻을 수 있을까?"

결국 매일 밤 아내와 한국으로의 철수를 고민하는 대화가 오고 갔다. 숨 막힘이 목까지 차오를 때, 한국으로의 철수를 논의 중일 때, 더 이상 희망이 없다고 생각할 때, 바로 그때 일이 들어오기 시작했다. 중남미 상품이 본격적으로 가동되기 시작했다는 것이다. 한번 들어오기 시작하니 정신이 없었다. 그동안 연기했던 중남미 팀들이 물밀듯 오기 시작했다. 끊임없이 밀려드는 팀으로 우리의 한국 철수도 잠시 보류되었다. 그런데 그때의 보류가 1년, 또 1년이 지나 결국 10년간의 멕시코 삶을 채우게 되었다.

어려움은 끝없이 오진 않는다. 한번 밀려오기 시작하면 멈춤없이 오는 듯하지만 결국 멈춘다. 행복도 감사도 한번 밀려오기 시작하면 끝없이 갈 것 같지만 결국 멈춤이 있다. 몰려들 때 호흡조절하며 자만하지 않고 감사하는 마음으로 살아야 한다. 누구에겐 평범한 일상이 어떤 이에겐 간절한 일상일 수 있고, 누구에게 평범한 걸음걸이가 어떤 이에겐 간절한 걸음걸이일 수 있다. 간절한 이는 우리가 가진 평범함을 위해 죽을 만큼의 노력을 한다. 내가 가진 이 평범함에 감사의 마음을 가져야 한다. 위만 올려다 보면 이 범사가 얼마나 행복한지 모른다. 위에만 있을 것 같은 큰 행복을 좇다 보면, 매일 가슴 졸이며 불행히 살게 된다. 그리고 하나를 이루면 또 더 위를 보게 된다. 그렇게 계속해서 올라가지만 본인이 찾는 행복은 어디에도 없다. 평범함에 감사의 마음을 가져보자. 일이 있다는 것, 이 범사가 고맙고 눈물이 났다. 구본형의 책 『나는 이렇게 될 것이다』에 '지금의 너, 그리고 내가 받은 모든 것들에 고마워해라. 갖지 못한 것에 대한 욕망으로 번민하지 말고, 갖고 있는 것에 마음껏 감탄하고 이 축복을 만끽해라. 이 세상은 성취가 모자라는 것이 아니라, 감탄이 모자라는 것임을 알게 될 것이다'란 구절처럼 정말 매일 감사하며 살아야 했다.

CHAPTER

03

카리브해의 낭만을
간직한 사람들

푸른 바다를 닮은 그들의 문화에 스며들다

매력이 넘치는
멕시코식 인사

쎄한 느낌이 몸속 깊이 파고들었다. 그의 눈빛도 흔들린 것 같고 나도 뭔가 이상하다는 느낌이 가득했다. 아무리 생각해도 인사를 잘못 나눈 것 같았다. 멕시코식 인사는 불편했다. 나한테 너무 친한 것처럼 오버했던 건가, 나한테 볼키스dos besos를 하다니. 난 이때까지 남성끼리의 볼키스가 잘못된 줄 알았다. 게이들끼리 나누는 인사인 줄 알아서 볼키스를 받곤 당황스러웠다. 그리고 뭐라 표현할 수 없을 정도로 기분이 나빴다. 나중에 정식으로 인사법을 배우고 나니 남성도 친한 사람들끼리는 볼키스가 가능하다는 것을 알게 되었다.

한국적 사고에 젖어있는 나에게 멕시코 인사법은 낯설었다. 멕시코 사람들은 2번 정도만 만나도 오랫동안 만난 친구처럼 적극적으로 인사한다. 그냥 악수 정도만 나누면 좋겠는데 찰리네도, 우고 아저씨도, 로레 가족도 인사가 적극적이었다.

로레 가족을 두 번째 만날 때였다. 날씨가 무척 더운 날이었다.

이동 중 에어컨을 강하게 틀어도 땀이 온몸을 적셨다. 땀 냄새는 당연했다. 그런데 로레 가족이 인사를 적극적으로 했다. 발데말(로레 남편)은 나와 악수를 나누곤 바로 포옹까지 했다. 로레는 더 적극적이었다. 갑자기 볼 인사를 하곤 쪽 소리까지 내는 거였다. 당황스러웠다. 아니, 남의 부인이 다른 남성한테 볼키스를 하다니… 이럴 줄 알았으면 샤워라도 깨끗이 하고 올걸. 당황하기는 아내도 마찬가지였다. 우린 인사를 나누고도 얼떨떨한 기분이었다. 무안하기도 하고 부끄럽기도 했다. 로레에게 멕시코 인사법을 가르쳐 달라고 부탁했다. 인사하는 법까지 배워야 할 줄은 몰랐다.

남자끼리는 악수, 더 친해지면 악수하고 포옹, 더욱 친해지면 악수, 포옹, 볼인사까지 가능하다고 했다. 남자와 여자는 볼인사, 더 친해지면 볼인사 후 포옹, 여자끼리는 볼인사, 더 친해지면 볼인사 후 포옹이라고 했다. 인사법도 암기와 연습이 필요했다. 연습 없는 상태에서의 갑작스런 인사가 실수까지 유발할 수 있을 것 같았다. 자연스럽게 익히는 것이 편한데 생각하면서 억지로 하려니 더 어색했다.

더운 나라라 좀 깔끔한 느낌이 날까 해서 머리를 염색했다. 전체 염색을 한 것은 아니고 브릿지 정도였다. 치첸이싸(세계 7대 불가사의로 선정된 마야 유적지) 점심 식당에서 종업원이 나를 보자 놀리기 시작한다.

"아니, 머리는 왜 염색한 거야?"

원주민들은 남성 우월주의가 강하다. 머리염색은 여자들이나 하는 것이라고 생각한다. 그러면서 게이냐며 당장 염색을 풀라고 했다. 염색 하나에 남성성을 잃어버리게 된 것이다. 헤어질 때 염색을 지우겠노라 약속하고 인사를 나누었다. 난 일부러 그의 얼굴에 뽀뽀를 했다. 남자 종업원은 놀라서 펄쩍 뛰었다. 난 웃으며 "네가 나보고 여자라며? 그래서 뽀뽀해 준 거다"라며 놀렸다. 그는 그때부터 나만 보면 슬슬 피한다. 멕시코에서 귀찮게 하는 남자나 놀리고 싶은 남자가 있으면 그냥 뽀뽀를 해 버리면 될 것 같다. 그러면 절대 얼씬거리지 않을 것이다. 농담 삼아 인사할 정도가 되었으니, 멕시코 인사가 편안해지긴 한 것 같았다. 익숙해지고 나니 멕시코 인사가 참 매력적이었다. 이젠 남자끼리의 볼키스도 익숙해졌다. 멕시코에서 스킨십 인사는 우리가 매일 밥을 먹는 것처럼 자연스러운 일인 것 같다. 과하지 않은 스킨십은 어색함까지 사그라지게 하는 마력을 발휘한다. 해리 할로우Harry F. Harlow의 실험처럼 인간을 포함한 포유류는 접촉만으로도 위안과 안정을 얻는다고 하는데… 멕시코에서의 스킨십은 깊은 친밀감으로 다가오며 따뜻하고 포근한 감정선을 만들었다. 그래서 그런지 2번만 만나도 오랜시간 만난 벗처럼 행복 미소가 쏟아졌다.

행복했던
도예수업

아내는 임신 중에 아기에게 도움 되는 것이면 무엇이든 배우고 싶어 했다. 아내는 향수 가게 친구의 도움으로 평생교육원을 알게 되었다. 춤, 미술, 어학 등 무엇이든 배울 수 있었다. 상담 후 아내는 고무된 얼굴이었다. 그러고는 아이에게 촉각의 느낌을 전할 수 있는 도예를 선택했다. 아름답고 청초한 모습의 데미무어가 생각났다. 아내는 '사랑과 영혼' 한 편 찍자며 잔뜩 기대했다. 수업을 듣는 동안 우리의 가장 큰 난점은 완벽하게 스페인어를 알아들을 수 없다는 것이었다. 완벽하게 알아듣지를 못하니 정확하게 무엇을 해야 하는지도 모르겠고 어디서 어떻게 마무리해야 하는지도 몰랐다. 이럴 때 가장 필요한 것이 눈치다. 눈치껏 알아들어야 하고 눈치껏 스스로 챙겨야 한다. 그러고도 끝까지 알아듣지 못한다면 반드시 질문했다. 질문하지 않고 대충 넘어가 버리면 결국 작품은 엉성할 수밖에 없다. 다행히 아내는 만드는 것을 좋아했다. 처음에는 초등학생 수준이었다. 찰흙을 반죽하고 손으로 작은 화분을 만들어 초벌하고 시유 바르는 과정을 거쳤다. 손으로 빚은 작은 화분이 시유를 바르고 굽는 과정까지 마무리되니 작품이 되었다. 신기했다. 반짝이는 화분을 보니 마치 장인(匠人)이 된 듯했다.

첫 작품이 완성된 날 작은 다과회가 열렸다. 그동안 가르쳐 준 선생님께 감사하는 마음으로 떡볶이를 만들었다. 음식을 꺼내니 다들 깜짝 놀란다. 빨간 모습에 그들은 조심스러워했다. 음식이든 문화든 누구나 새로운 것에 대한 두려움과 설렘은 있다. 두려움에 갇힌 사람은 일어나지도 않은 일들을 상상하며 스스로 두려움이라는 틀 안에 자신을 가두어 버리고 설렘 가득한 사람은 일어나지 않았기 때문에 일어날 일에 대한 두근거림으로 흥분한다. 떡볶이에 대한 반응도 두려움과 설렘이었다. 그들은 떡볶이를 맛본 후 너무나 좋아했고, 두려움에 떨던 사람들은 반응을 본 후에야 기대감에 도전했다. 멕시코 음식은 맵고 짜고 달콤하다. 떡볶이가 딱 멕시코 수준에 맞는 음식이었다. 한국 음식과 멕시코 음식이 어우러져 맛나고 즐거운 다과회 시간이 되었다.

두 번째 작품은 물레로 돌리는 화분이었다. 물레를 돌려 화분을 만드니 아내는 더 즐거워했다. 아무것도 아닌 것 같지만 물레를 돌리는 과정부터가 신기했다. 힘을 조금만 더 주면 부서지고 힘을 적게 주면 둥글어지지 않으니 힘 조절만으로도 충분한 즐거움이었다. 아내는 아이들이 모래집을 만들며 감촉에 자극받고 집중력과 성취감을 얻듯이, 물레 돌리는 것으로 모든 것을 얻고 있었다. 배 속의 아이는 엄마를 통해 감촉, 집중력, 성취감을 함께 느끼는 듯했다. 수업은 힘들지 않았다. 무엇보다 수업 중간에 그들과 나누는 일상적인 스페인어 대화가 좋았다. 스페인어가 완전하진 않지만 소통은 우리를 외롭게 하지 않았다.

3개월의 시간이 흘렀다. 아내는 도자기의 높이처럼 배도 불러갔다. 학기 중간에 들어왔기 때문에 3개월 만에 마지막 수업이 되었다. 다음 주 있을 졸업전시회를 위해, 어제 구워놓은 도자기를 확인했다. 도자기는 빛이 나고 색깔이 너무 고왔다. 전시회 작품으로 손색이 없었다. 3개월의 도예 시간은 아이에게도 아내에게도 의미 있는 소중한 시간이었다.

작품 전시회가 마치 유명 예술가들의 전시회 같았다. 입구부터 축제장을 방불케 했다. 지인들을 초대하여 행사장은 인산인해다. 모두 고급 드레스 차림으로 한 손에는 샴페인을, 다른 손으론 다과를 먹으며 대화 중이었다. 선생님은 멕시코 사람들에게 우리를 소개시켜 주기 바빴다. 아마도 평생교육원 도예반 수강생 중 외국인, 특히 한국 사람에다 임신한 사람은 아내가 처음이었을 것이다. 도예 수업은 멕시코에서의 가장 좋은 추억 중 하나가 되었다.

추억은 받아들이는 사람에 따라 다양하게 남는다. 아내는 어떤 추억으로 남겼을까? 그런데 그때 애지중지 만들었던 작품들은 다 어디로 사라졌는지 모르겠다. 이상하게 작품은 기억에 없지만, 선생님의 인자하신 얼굴, 떡볶이를 보고 두려워하던 사람들,

그리고 첫 작품에 큰 박수를 주었던 학생들, 같은 공간에서 호흡했던 사람들의 모습은 또렷하게 기억난다.

행복했던 도예수업은 영화 '애나 앤드 킹Anna and The King'의 마지막 장면, 출라롱콘 세자의 독백 "의미 있는 시간은 아주 짧게 지나간다. 그 짧은 순간의 만남은 우리의 삶을 변화시키고 영원히 못 잊을 추억의 빛을 남긴다"를 되새겨 보게 했다.

멕시코에서의
돌잔치

아이의 돌잔치를 위해 LA에서 한복을 공수했다. 멕시코에 살지만 한국식 돌잔치를 꼭 해주고 싶었다. 이제 외국에 사는 느낌도 나지 않는다. 스페인어도 불편하지 않다. 자연스럽게 코스트코에 장 보러 가고, 길거리 타코도 손으로 먹고, 스페인어 욕도 하며 그들의 삶에 젖어 들고 있었다. 하지만 특별히 기념하고 싶은 날에는 한국식을 고집한다. 아이의 돌잔치도 마찬가지다. 한국 음식과 함께 한국식으로 멕시코 사람들과 만나고 싶었다. 아내와 초대장도 만들었다. 초대장은 일일이 찾아다니며 전달했다. 초대장대로 모인다면 전 세계 사람들이 다 모이는 것이다. 일본, 중국, 미국, 멕시코, 쿠바인까지 다양했다. 멕시코에 살며 그동안 인연을 가졌던 사람들이었다. 이 사람들은 멕시코 삶에서 가장 큰 재산이다. 그들은 돌잔치에 흥미를 가졌고, 흔쾌히 참석을 원했다. 파티회사에 의뢰하지 않고 내 힘으로 돌잔치를 열어주고 싶었다. 몸은 고달프지만 아마 오랜 시간 추억으로 남을 것이다.

잔치 당일 아침부터 바빴다. 일단 팔라파Palapa(코코넛 지붕의 쉼터)에 풍선부터 장식했다. 알록달록한 풍선이 파티장을 만들어주었다. 음식은 뷔페식으로 준비했다. 음식을 담는 업소용 스테인레스 그릇도 빌렸다. 음식은 중국식당에서 여러 종류를 주문하고, 잡채, 전, 제육볶음, 불고기, 김밥은 집에서 준비했다. 추가로 바비큐 그릴에서 고기를 굽기로 했다. 아이스박스에는 맥주부터 소주까지 다양한 주류를 준비했다. 음악을 틀고 음식까지 갖추니 파티장으로 손색이 없었다.

드디어 오늘의 주인공 석현이가 한복을 입고 등장했다. 마치 연예인이라도 등장하는 것 같았다. 한복을 입은 아이의 귀여움에 난리가 났다. 사회는 내가 봤다. 완벽한 스페인어가 아니어서 더

웃음이 터졌다. 가끔은 프로보다 아마추어가 더 재미있듯 초대받은 사람들은 어설픈 진행에 더 찬사를 보냈다. 돌아가면서 축하 인사를 하고 모두 함께 'Happy Birthday'를 불러주고 아이의 건강을 위한 볼키스를 해주었다. 다음은 돌잡이 차례다. 연필, 돈, 실, 모형 비행기, 장난감 망치, 자동차 등을 놓으니 이건 뭐 하는 거냐며 질문이 쏟아진다. 돌잡이는 아이의 앞날이 번영하기를 기원하는 한국의 전통 풍습이며 아이가 어떤 물건을 잡느냐에 따라 의미가 달라진다고 했다. 연필이면 공부를 잘할 것이니 판사, 교수가 될 수 있고 돈을 잡으면 재산, 실은 무병장수한다는 의미도 설명했다.

팡파레가 울리자 석현이는 연필을 잡았다. 석현이 돌잡이가 끝나자 석현이 또래의 부모들이 본인 아이도 해볼 수 있냐고 해서 그렇게 해보라고 했다. 다른 아이들의 돌잡이에서 가장 웃겼던 것은 아이는 자동차를 잡으려 하는데 부모가 계속 몸을 이동하여 돈을 잡도록 하는 것이었다. 그걸 본 사람들이 박장대소했다. 세계 어디든 돈 싫어하는 사람 없고 아이가 돈에서만큼은 걱정 없이 살기를 바라는 마음은 같다.

나는 땡볕 아래에서 고기를 구웠다. 얼굴이 발갛게 타도 모를 정도로 열심히 구웠다. 손님들은 중국 음식도 잘 먹었지만, 한국 음식 중 잡채, 김밥을 좋아했다. 돌잔치의 잡채는 무병장수를 의미한다고 이야기했더니 다들 건강해져야 한다며 잡채에 몰려들었다. 라틴 음악과 함께 오후 내내 돌잔치는 재미나게 진행되었다. 현지인들은 파티가 너무 재미있었고 특히 한국 음식이 좋았다며 칭찬을 아끼지 않았다. 부모님 댁에 방문하면 남은 음식을 바리바리 싸주셨던 기억이 났다. 그때의 마음을 담고 싶었다. 와인 한 병씩과 남은 음식을 골고루 나누어 주었다. 그들이 돌잔치에서 큰 행복을 담아갔으면 좋겠다. 멕시코에서의 돌잔치는 아름답게 마무리되었다. 석현이는 참 복도 많다. 평생에 한 번 있는 돌잔치를 다양한 국적 소유자들과 함께 보내고 그들의 사랑을 받았으니 평생 잊지 못할 아름다운 추억이 될 것이다. 석현이가 돌잔치 때 받은 사랑만큼 남에게도 선한 영향력과 배려와 사랑을 맘껏 나누는 멋진 아이가 되었으면 한다.

씨에스타(Siesta)
요거 참 맛나다

멕시코에선 기르는 짐승도 낮잠 시간에 귀찮게 하면 안 된다. 칸쿤은 대낮 기온이 40도까지 오르기 때문에 낮엔 운전대 잡을 때도 조심해야 한다. 볼일 보고 운전대를 잡으면 불에 데인 듯 화들짝 놀라고, 대낮에 잘못 돌아다니면 화상까지 입을 수 있다. 푹푹 찐다는 말이 실감난다. 직장도 효율적인 업무를 위해 무더운 시간대를 피한다. 점심식사 후 무더운 시간대엔 낮잠을 잔다. 멕시코에서의 식사는 아침은 빵, 우유, 주스 정도, 간식 시간(10:30~11:30)에는 샌드위치, 점심시간(14:00~16:00)에는 요리, 저녁(20:00~)은 간단하게, 자기 전 간식까지 5번이다. 점심은 집에서 먹는데 하루 중 가장 더운 이 시간에는 식사 후 낮잠(Siesta)을 잔다. 그런데 낮잠이 습관 되면 참 맛나다. 시원한 에어컨과 함께하는 이 시간이 하루 중 가장 행복하다.

멕시코는 차가 막히는 시간이 있다. 학생들 등교 시간, 하교 시간이다. 한국처럼 학교가 걸어 다닐 수 있는 거리에 있는 것도 아

니고, 학교까지 교통수단이 발달된 것도 아니기 때문에 보통 부모들의 도움을 받아야 한다. 아이들 하교 시간은 직장인들의 점심시간까지 겹쳐 차가 막힌다. 아이들은 하교하면 가족과 함께 점심식사를 한 후 낮잠 또는 휴식을 취한다.

'친구사랑' 가게를 운영할 때 쇼핑몰 내에 할아버지, 할머니가 운영하는 옷가게가 있었다. 그런데 두 분은 점심시간이면 꼭 문을 닫았다. 보통 다른 가게 주인들은 점심을 배달 음식이나 도시락으로 해결하고 가게 문을 저녁까지 열지만, 두 분은 문을 닫은 후 오후 4시 30분에 다시 문을 열곤 했다. 처음엔 이해할 수 없었다. 하나라도 물건을 더 팔아야 할 텐데 두 분의 여유가 부럽기도 하고, 게으르다고 오해하기도 했다. 오늘도 같은 시간에 문을 닫는다. 점심시간엔 꼭 손자와 시간을 보내야 한다는 것이었다. 점심시간에 문을 열면 물건 하나라도 더 팔 수 있고 물건이 많이 팔리면 손자한테 용돈도 더 줄 수 있는 거 아니냐고 하니 두 분은 왜 그렇게 돈을 벌어야 하냐며 다시 질문하셨다. 또 평일엔 한 푼이라도 더 벌고 주말에 손자랑 같이 시간을 보내면 되지 않느냐고 했더니, 자신은 주말을 위해서 평일의 시간을 희생하고 싶지 않다고 했다. 그러면서 나중을 위해서 희생하는 것보다 지금 시간을 더 즐기고 싶다고 했다. 주말을 위해 매일 돈 버는 것에 희생하는 것보다 좀 덜 벌더라도 손자와 함께하는 매일의 시간이 더 소중하다는 것이다. 손자와의 시간은 지금이 아니면 나중이 없다는 것이었다. 어딘가에서 들었던 멕시코 어부와 미국인 이야기 같았다. 나는 미래를 위해 희생을 강요하는 미국인 같았고 할머니는 지금의 시간을 가장 소중하게 보내는 멕시코 어부였다.

우리 가족도 멕시코 시간을 공유해보기로 했다. 아이들과 점심을 먹고 에어컨을 켜고 낮잠을 청해보았다. 무더위로 나른했던 오후를 충전하고 나니 몸이 날아갈 것만 같았다. 낮잠은 영양분을 공급해주는 창구였다. 쌔근거리며 자는 아이 모습을 보니 미소가 절로 난다. 이보다 더 큰 행복을 어디서 얻을 수 있을까. 노부부의 마음이 지금 내 마음이 아니었을까. 우리는 매일 무엇을 위해 사는가. 내일을 위해? 아니면 지금을 위해? 오늘 낮잠은 정말 달콤했다. 나도 멕시칸들처럼 행복을 더 중요시하는 사람으로 살고 싶다. 영화 '쿵푸팬더'의 명언 '어제는 지나버렸고, 내일은 알 수 없어. 하지만 오늘은 선물이지'라는 말처럼, 나도 오늘의 행복을 더 중요시하는 사람으로 살고 싶고, 오늘을 선물 받은 것처럼 살고 싶다.

멕시코 삶의
가장 큰 조력자, 찰리

잡화점을 운영하며 가장 큰 힘이 되어준 사람은 향수 가게 찰리였다. 형님처럼 다독여주기도 하고 외국 생활의 힘듦과 외로움까지 달래주었다. 찰리는 멕시코 사람이 아니라 이스라엘 사람이었다. 찰리는 어릴 때 아버지와 함께 멕시코로 이민 왔다고 했다. 이스라엘 사람을 한 번도 만나지 못했던 나는 이스라엘 사람이라는 것 자체가 신기했고 탈무드를 보는 듯 찰리만 보면 모든 해법이 쏟아질 것 같은 믿음이 갔다. 찰리와 나딘(찰리의 아내)은 둘 다 법학을 공부했고 판사로 근무하다 만났다고 했다. 그 이후 무슨 큰일이 있었는지는 모르지만 판사직을 그만두고 칸쿤으로 도망오다시피 하여 향수 가게를 차렸다고 한다.

'친구사랑' 가게를 오픈하자마자 가장 먼저 달려온 사람이 있었다. 하얀색 얼굴에 190cm가 넘는 큰 키였다. 아우라를 느낄 정도로 멋진 사람이었다. '이런 분들은 최고급 쇼핑몰에 가야 하는 사람인데'로 생각했었다. 가게를 만든 쇼핑몰은 혼혈인(스페인+

원주민)들이 많이 다녔기 때문이다. 대부분 모자를 사러 들어오는 데 찰리는 오자마자 하얀 면티를 골랐고 면 100%를 요구했다. 단골로 만들고자 20% 할인까지 해주었다. 그러자 두 블록 지나 향수 가게를 하고 있으니 언제 자기 가게에도 놀러 오라고 했다. 이렇게 찰리는 고객으로 만난 첫 번째 멕시코 친구였다.

그 이후 찰리는 캔 음료 2개를 들고 와선 선심 쓰며 나를 염탐하기도 하고, 점심을 같이 먹자며 점심에 초대하기도 했다. 외국에서 외로움에 지친 우리는 금방 찰리네와 친해졌다. 가구조사가 마무리되었는지 주말에 집까지 초대해 주었다. 만날 때마다 자신의 속내를 들려주며 우리와 친해지기 위해 노력해주었다. 무엇보다 스페인어가 부족한 우리에게 쉬운 단어로만 대화를 건네며 배려하는 마음도 보여주었다. 그래서 나는 찰리가 편했다. 어떨 때는 형님 같고 어떨 때는 동네 친구 같았다.

"남, 난 가게를 하나 더 열려고 해."

찰리는 다른 쇼핑몰에 직영점 가게를 하나 더 오픈하겠다고 했다. 일단 시도를 해보고 안 되면 철수한다는 생각까지 했다. 찰리가 새로 오픈하는 가게는 지금의 쇼핑몰보다 수준이 떨어졌지만 유동 인구는 더 많았다. 칸쿤은 얼굴의 색깔에 따라 3등급으로 나누어진 멕시코 같았고 쇼핑몰도 3등급이 있었다. 얼굴 하얀 스페인계통이 쇼핑하는 최고급 쇼핑몰, 혼혈인들이 쇼핑하는 지금의 우리 쇼핑몰, 원주민들만 다니는 쇼핑몰이 있었다. 찰리네 향수는 모조품이라 가격이 저렴하다. 그래서 최고급 쇼핑몰보다는 원

주민들이 다니는 쇼핑몰을 선택했다고 한다. 나는 찰리를 보면서 시도를 두려워하지 말라는 메시지를 받는 것 같았다.

"남, 사람들 너무 많이 믿지 마. 물론 나도 믿지 말고, 그리고 돈 관계는 절대 하지 말고."

한국에서도 많이 들어본 말을 찰리한테서 듣고 있었다. 찰리도 돈을 빌려주고 못 받은 경우가 너무 많았고, 손님 중 외상으로 달라고 하면 외상으로 주지만 안 받을 생각하고 준다고 했다. 외상을 안 주면 되지 왜 그렇게 하냐고 물으니, 안 주면 손님들을 신뢰하지 않는 가게로 나쁜 소문이 돈다며, 가게의 생명은 이미지인데 가게가 나쁜 이미지가 형성되면 고객들이 절대 찾지 않는다고 했다. 사람을 모으는 것은 정말 어렵다. 하지만 사람이 빠져나가는 것은 순식간이다. 하지만 한번 몰려온 사람들은 내가 잘하면 문어발식으로 몰려온다며 한 통의 향수를 공짜로 준다는 마음으로 사람 마음을 사는 게 낫다고 했다. 아는 이야기들이었지만 찰리는 만날 때마다 진지하게 나의 조력자 역할을 해주었다.

찰리는 더하여 조언도 해주었다. 멕시코 사람들에게 너무 잘해주지 말라는 것이다. 멕시코 사람들, 특히 누구의 기준인지는 모르겠지만 못사는 사람은 잘해주면 더 많은 것을 바란다는 것이다. 그러면 지친다고 했다. 그러고 보니 세차를 맡길 때 고마워서 다른 사람보다 더 많은 팁을 줄 때면 그 당시에는 너무나 좋아라 한다. 하지만 다음번에 딱 그 정도만큼의 팁을 주면 저번처럼 좋아라 하지 않는다. 다음번에는 저번보다 더 주어야 했다. 그리고 어느 순간부터 다른 사람들과 똑같이 주면 오히려 인상을 쓰는 경우가 많았다.

"찰리! 가이드 일이 들어왔어?"

찰리는 도전해보라고 했다. 그러면서 '너는 잘할 수 있고, 가이드는 손님들에게만 최선을 다하면 되지 않느냐'며 꼭 도전해보라고 했다. 찰리는 항상 용기를 주었다. 그리고 한 번도 부정의 메시지를 준 적이 없었다. 찰리 같은 사람을 옆에 두고 있다는 것도 나의 복이었다. 가끔 내 주변에 어떤 이가 자리하고 있는지 돌아보자. 만날 때마다 누군가의 부정적인 소리로 힘 빠지는 사람이 많은지, 만나고 돌아서면 빨리 보고 싶은 사람이 많은지를 스스로 알 수 있다. 내 에너지를 더 키워주는 사람이 많다면 얼마나 큰 행운인가.

쇼핑몰에 가게를 열지 않았었다면 찰리를 만날 수 없었고 찰리를 만나지 않았다면 큰 일을 결정할 때마다, 힘들 때마다 어려움이 더 많았을 것이다. 찰리는 멕시코 삶의 가장 큰 조력자였다. 잘 보이지 않는 곳에서도 묵묵히 그 자리를 지키며 우리의 삶에 도움을 주는 조력자들이 있다. 곰곰이 나를 위한 조력자들이 누구인지 되새겨 보자. 혹여 그런 조력자들이 있다면 오늘만큼은 감사의 마음을 전해보는 건 어떨까? 찰리에게 이 지면을 빌려 고마움을 표한다.

찰리 형! 정말 고마워!

여행사 첫 파트너,
우고 아저씨

할 말이 있어 보이는데 눈치만 본다. 점심을 먹을 때도 투어를 마감하고 돌아올 때도 계속해서 내 눈치만 본다. 집에 도착해서 팁을 주며 무슨 일이냐고 물었다.

"남, 나… 돈 좀 빌려주면 안 돼?"

우고hugo 아저씨가 돈을 빌려달라고 한다. 찰리가 절대 멕시칸들하고는 돈거래 하지 말라고 했는데…. 잘못하면 원수나 원한 관계로까지 발전할 수 있다며 절대 돈거래 하지 말라고 했다. 그런데 내가 가장 좋아하는 멕시칸 중 한 명이 돈을 빌려 달라고 한다.

본격적으로 여행사 일을 시작하면서 우고 아저씨는 손님들을 위한 차량을 맡아주었다. 16인 미만의 관광객이 오면 항상 아저씨와 일을 했다. 칸쿤에는 투어만 전문적으로 담당하는 큰 차량 회사들이 많다. 그런데 아저씨는 저축하고 저축한 돈으로 16인승 한 대를 마련해서 관광 일을 했다. 와이프 후배가 같이 일을 했고, 그 인연으로 나하고도 일을 하게 되었다. 아저씨의 가장 좋은 점은 약속을 정확하게 지킨다는 거였다. 물론 다른 멕시칸들도 약속을 잘 지키지만 아저씨는 다른 멕시칸들보다 더 특별했다. 그리고 한국 손님들에 대한 배려심도 남달랐다. 유적지 이동 중 한국 손님들이 원주민들의 삶을 보고 싶어 하면, 아무리 바빠도 싫은 내색 한번 하지 않았다. 일정이 추가되면 추가된 요금도 받지 않고 서비스를 해주었다. 내가 공항에서 손님들을 배웅해주고 나오면 다운타운으로 가기 힘들다며 기다려 집까지 데려다주기도 했다. 하나에서 열까지 철저한 서비스 마인드가 장착된 분이었다. 가이드 일을 통해서 우고 아저씨를 알게 된 것도 칸쿤의 삶에서 큰 행운이었다.

"얼마가 필요한데요?"

아저씨는 봉고 한 대를 더 사길 원했다. 사실 다른 여행사와 일을 하면 일정이 겹쳐서 나하고 일하지 못할 때도 많다. 그러면 아저씨는 아는 친구분을 보내곤 했다. 그럴 때마다 본인이 일을 하지 못한 것을 미안해하기도 하고 안타까워 하기도 했다. 사실 나와 일을 할 때 아저씨가 가장 좋아했던 것은 결제가 정확하다는 거였다. 나는 일이 끝나면 당일 결제를 했다. 멕시코 사람들에게 돈 문제만큼은 정확하게 하고 싶었기 때문이다. 우리 일을 봐주는 사람들한테 갑질을 하고 싶지 않았고 돈 문제로 지저분해지고 싶지 않았다. 그런데 아저씨 말로는 다른 나라 사람들, 독일이니 미국이니 하는 여행사들은 일이 끝나고 나도 한 달이나 늦으

면 몇 개월 후에 입금이 된다고 했다. 집에서 차 한 대로 일하는 분이기 때문에 결제가 밀리면 가정생활도 문제가 될 것이었다.

나는 아저씨께 돈을 빌려주기로 했다. 그 대신 투어 때마다 빌려준 돈을 깎아나가기로 했다. 아저씨도 좋아했다. 얼마 후 아저씨는 새로 구입한 새 차를 가지고 나왔다. 아저씨는 돈거래 후 손님들에게 더 큰 배려와 도움을 주었다. 유적지를 관광하고 점심 식사를 하고 나면 노곤해진다. 다시 칸쿤 공항까지 돌아오는 길은 정말 지옥이다. 고속도로는 차 한 대 다니지 않고 독일의 아우토반처럼 곧게 뻗어있다. 손님들은 차에 타자마자 바로 곯아떨어진다. 당연히 아저씨도 노곤하실 거다. 옆자리에 앉은 나도 잠이 쏟아지긴 마찬가지다. 하지만 아저씨는 나하고 일하는 동안 한 번도 졸음운전을 한 적이 없다.

"내가 한번 깜빡하면 손님들의 안전은 누가 책임질 거며, 그렇게 사고가 나면 칸쿤에 한국 손님들이 오고 싶겠어?"

나보다 더 크게 나를 위해 주고 손님들 안전을 최우선으로 하시는 아저씨를 만난 것이 나에겐 가장 큰 행운이었다. 돌이켜보면 연일 사건 사고가 많은 칸쿤에서 한 번의 사고도 없었으니 나는 얼마나 운이 좋은 사람이었나 싶다.

그런데 어느 날부터 아저씨가 아니라 다른 차가 왔고 다른 기사가 왔다. 아저씨와 투어 때면 신경 쓸 필요 없이 아저씨가 알아서 운행해주었다. 내 일정을 아저씨가 너무 잘 알고 있기 때문이다. 그런데 새로운 사람에게는 모든 것을 다 가르쳐 줘야 한다. 화장실을 위해 어디서 멈출 건지, 원주민 마을은 어디로 가는지, 점심은 어디서 먹을 건지 등 일일이 다 가르쳐 줘야 하다 보니 신경이 쓰였다. 오는 길에도 혹시 졸음운전을 하는지 체크도 해야 했다. 우고 아저씨는 한 달 동안 나타나지 않고 다른 사람만 보냈다.

"남, 나 이혼할지도 몰라."

아저씨는 다른 멕시칸 여자와 바람을 피운 것이었다. 엎친 데덮친 격으로 아이까지 출산했다고 했다. 한 달 동안 나타나지 않은 것은 아이 출산 문제였다고 한다. 그렇게 조용하고 착한 아저씨가 바람을 피우다니 뒤통수를 한 대 얻어맞은 듯했지만 그래도 사생활이니 관심을 끄는 수밖에 없었다. 이후 투어가 진행될 때마다 아저씨의 고민이 얼굴에 드러났지만, 이내 밝은 표정으로 한국 관광객을 위해 최선을 다해 주었다.

가끔 궁금해서 여쭤보면 아저씬 가정사를 전혀 이야기하지 않고 오로지 일에만 전념했다. 나도 더 이상 '이혼은 했나, 아이는 어떻게 되었나' 등을 묻지 않고 일에만 열중하게 했다. 그런데 추측은 된다. 아저씨는 2대의 차 중 한 대를 팔았다고 했다. 아무래도 위자료 같은 것 때문에 돈이 필요했던 것 같다. 시간이 지나면서 다른 차량회사에는 최신형 최고급 봉고를 운행했지만, 나는 아저씨의 낡은 봉고를 사용하며 끝까지 의리를 지켜 주었다. 아저씨는 여행사 일을 하며 첫 파트너였고 최고의 기사였기 때문이다. 그런데 '이혼은 한 건지, 아이는 어떻게 되었는지, 그때 차판 돈으로는 뭘 했는지' 그건 지금도 궁금하다.

한글만 쓰면
무엇이든 선물이 된다

멕시코 거리에선 남녀가 부둥켜안은 모습을 어디서나 볼 수 있다. 애정행각이 낯뜨거울 정도로 심한 경우도 있다. 모 방송프로그램에서 멕시코인이 '애정행각이 범죄라면 멕시코 사람들은 다 감옥에 가야 한다'고 말했던 것처럼 멕시코 사람들은 개방적이다. 솔로들은 으슥한 공원이나 인적이 드문 곳을 걷다간 연인들의 진한 모습에 더 큰 외로움에 휩싸일 수 있다.

LA에서 출발한 한국 손님들이 도착해 공항으로 갔다. 하나둘 탑승객들이 나온다. 갑자기 휘파람 소리가 요란했다. 아마도 섹시한 여성이 나오는 모양이었다. 멕시코 남자들은 길거리를 가다가도 섹시하고 아름다운 여성이 지나가면 모르는 사람이라도 휘파람을 분다. 유치하고 저질스런 아니, 성추행적 행동이 아니란다. 섹시하고 아름다운 여성들을 위해 남자가 해주어야 할 최소한의 예의란다. 한국에선 감옥 갈 행동이라니 전혀 이해 못할 나라란다. 그런데 휘파람 소리를 들은 여자들은 더 당당하다. 어깨까지 으쓱하며 우쭐거리며 걷는다. 한 다발의 꽃을 준비한 남자가 출구 쪽만 애타게 바라본다. 곧 애인을 맞이한 남자는 눈시울을 붉히며 뜨거운 키스를 한다. 멕시칸들은 박수를 치고 고함을 지르고 휘파람을 불어댄다. 연인은 아랑곳하지 않고 더 격렬하게 키스를 한다. 이들의 애정은 이렇게 어디든 남을 의식하지 않고 자유롭다. 그렇게 남녀 간의 사랑을 맘껏 표현한다.

손님들과 호텔에 도착했다. 객실 안내까지 무사히 마치고 집으로 가려니 벨보이가 나를 불렀다. 같은 호텔에 사랑하는 사람이 생겼는데 용기가 나질 않는다며 한국말로 '사랑해'를 적어 달라는 것이었다. 난 그들의 사랑이 큼지막하게 전개되라는 마음에서 크게, 꽉 차게 한글로 '사랑해'를 적어주었다. 한글이 너무 아름다운데 읽는 방법을 모르겠단다. 그래서 뒷면에 'SSA RANG E'라고 적어주었다. 오늘 저녁 큰 용기를 가지고 도전해봐야겠다며 큰 소리를 친다. 행운을 빌며 돌아서려는데 그녀의 이름도 적어 달란다. '까롤리나! 사랑해Calolina! SSA RANG E'라고 적어주었다. 까롤리나의 사랑을 갈구하듯 종이를 소중하게 가슴에 품는다.

다음 날 벨보이는 나를 보더니 난리가 났다. 까롤리나의 사랑을 쟁취했다고 한다. 한글로 사랑을 표현해준 특별함과 소중함에 감동했다며 벨보이의 사랑을 받아주었다고 한다. 하! 한글이 이렇게나 큰 힘을 가졌단 말인가. 세종대왕의 말씀처럼 한글은 만백성을 위한 글이다. 아니, 전 세계인을 위한 글이다. 그들의 사랑이 영원하길 기원해본다.

마리아치가 없으면
음식 맛이 없다

멕시코라는 나라를 연상하면 챙이 넓은 모자, 서부영화에서 미국인으로부터 억울하게 죽음을 맞이하는 나라, 선인장, 더하여 직접 듣진 못했어도 멕시코를 대표하는 음악인 마리아치가 떠오른다. 찢어질 듯한 트럼펫 소리가 식당 문을 열어젖힌다. 손님들이 입구 쪽을 바라본다. 차로charro 복장의 마리아치 악단이다. 트럼펫 소리가 이렇게 경쾌하다니! 마리아치들은 식당마다 돌며 미니공연을 한다. 테이블마다 돌면서 신청곡을 받고 연주를 해주고 팁을 벌기도 한다. 한국 손님들의 기본 신청곡은 '베사메무쵸'와 '제비'다. 조영남의 '제비La Golondrina'가 멕시코 민요였다는 것을 모르는 손님들도 많다. '베사메무쵸besa me mucho'가 트럼펫과 함께 연주된다. 웅장한 마리아치 음악이 홀 전체에 울린다. 손님들은 식사까지 중단하고 곡을 즐긴다. 따라 부르기도 하고 눈을 지그시 감고 '마치 오늘 밤이 마지막인 것처럼 강렬한 키스를 원하듯이besame mucho,como si fuera esta noche la ultima vez'란 가사처럼, 아름다운 연인들의 불타는 사랑을 애원하듯 감성에 젖기도 한다.

그러고 보면 베사메무쵸는 생명력도 질기다. 1941년에 발표되어 70년 동안 사랑을 받고 있고 테너 플라시도 도밍고, 셀린 디온, 그리고 중국어, 알제리어로까지 번안되어 불리고 있으니 말이다. 21살의 처녀 피아니스트 꼰수엘로 벨라스께스(consuelo velazquez, 1920~2005)가 처음 발표할 때만 해도 이렇게 오랜 시간 많은 사람에게 사랑을 받고 종전의 히트곡이 될 거라 생각이나 했을까? 벨라스께스는 친구 애인이 아파 위독하다는 소식을 듣고 병문안 갔을 때의 경험을 바탕으로 이 곡을 만들었다고 한다. 친구 애인은 위독한 병으로 오늘내일하는 상태였고, 이별을 안타까워하며 서로 포옹하고 키스하면서 고통스러워하는 두 연인을 지켜보다 세계에서 가장 유명한 키스 찬가를 만들었다고 한다.

그러고 보면 남미에서는 레스토랑이나 카페에서 연인들이 서로 마주 보며 앉아 있는 것을 거의 볼 수가 없다. 항상 나란히 앉아 있다. 마주 앉지 않고 왜 나란히 앉아 있냐고 물으면 도리어 질문하는 내가 이상하다는 듯 대답할 거다. "마주 앉아 있으면 신체적인 접촉을 할 수가 없잖아!"라고 말이다. 정말 이들의 사랑은 정열적이고 거침없다. 처음에 멕시코에 도착했을 때만 해도 길거리에서, 공원 벤치에서, 버스에서 강렬한 키스를 하는 장면을 보면 내가 먼저 고개를 돌렸는데 이제는 그들의 사랑이 아름다워 보이기까지 하니 나도 멕시코 사람이 다 되었나 보다.

사랑의 찬가에 이어 바로 다음 곡으로 이어진다. 라 골론드리

나la golondrina (제비)는 조국을 잃어버린 심경을 노래한 것인데, 조영남이 석별의 아쉬움으로 바꿔 부른 노래다. 사실 중남미는 스페인, 포르투갈에게 400년 동안 식민지로 살며 조국을 잃었던 슬픈 역사를 가진 곳이다. 그래서인지 제비라는 곡도 스페인 작곡가에 의해 작곡되었지만 가사는 멕시코에서 붙여져서 멕시코 민요로 안착이 되었다.

"가사는 좀 슬프지만 이렇게 좋은 음이 나오는데 뭐하세요? 나가서 블루스도 추고 그러세요. 저기 앞 테이블 노부부들 보세요. 얼마나 멋있어요!"

노부부가 통로로 나와 손을 꼭 잡고 춤을 추고 있는데 정말 낭만적이고 멋드러진 모습이었다. 흰 머리, 깊은 주름, 구부정한 허리가 세월의 멋드러짐을 더 가미시켜주고 있었다. 장소 가리지 않고, 남 의식하지 않고 그들만의 잔치를 맘껏 즐기고 있는 모습에 열렬한 박수를 보내고 싶다. 한참만에야 50대로 보이는 분들을 선두로 우리 한국 손님들도 통로가 비좁을 정도로 나가서 흥을 즐긴다. 그들만의 여행을, 그들만의 자유를 칸쿤에서 즐기고 있었다. 순식간에 식당은 파티 분위기다. 곳곳에서 축제를 열광하듯 종업원들이 휘파람을 불어댄다. 어느 누구 성가셔 하지도, 싫증 내지도 않으며 식당을 축제의 장으로 만들고 있었다. 연주가 끝나니 자기들 노래가 한국에서도 유명하냐며 종업원이 난리다. 한국에 번안곡이 있다고 하니 한국 사람들은 멕시코의 좋은 곡들을 허락도 안 받고 가져갔다며 너스레를 떤다.

다음 날 석식은 특별식 랍스터였다. 호수 위에 마련된 야외 식당에서 이국적인 멋을 맘껏 즐긴다. 그런데 한 손님께서 마리아치가 없으니 아무리 좋은 랍스터도 맛이 없다며 빨리 마리아치를 데려오든지 나보고 베사메무쵸를 부르든지 하란다. 마리아치 매력에 빠지다 보니 음식 먹을 땐 꼭 음악이 있어야겠단다. 그 손님들을 위해서 목청껏 베사메무쵸를 불러드렸다. 손님들은 멕시코에 머무는 동안 가장 멕시코적인 낭만에 빠져들고 있었다. 멕시코 삶 최애곡 베사메 무쵸를 다시 한번 흥얼거려본다.

'베사메 베사메 무~~ 쵸'

멕시코에 살면
살사를 배워야 한다

　칸쿤에 살면서 신기했던 것 중 하나가 '멕시칸들은 왜 이렇게 춤을 잘 출까?'였다. 칸쿤 사람들의 몸은 아무리 봐도 춤추기엔 적당하지 않다. 몽골 사람처럼 대부분 목이 짧고 배가 부르며 허리도 없는, 머리 큰 형태의 종족들이 대부분이다. 그런데 이런 신체 유형에도 불구하고 정말 춤을 잘 춘다. 흥에 맞춰 출 때는 장난이 아니다. 멕시코 사람들은 다 춤꾼이다. 주말이면 음악에, 술에, 춤에 취해 산다. 집집마다 축제의 현장이다. 체력은 얼마나 좋은지, 몇 시간째 허리를 돌려도 지치지 않는다. 그들의 기운과 열정에 절로 감탄할 정도다. 소리에 민감한 사람은 잠도 이루지 못할 정도로 음악 소리는 크고 그들의 대화 톤은 높다. 아무리 무더위가 기승을 부려도 음악과 춤의 열정은 새벽까지 이어진다. 아내와 나는 그들의 파티에 초대받아 춤추는 시간이면 꾸어다 놓은 보릿자루처럼 박수만 치고 옅은 미소만 건넬 뿐이다. 간혹 억지로 이끌려 춤을 추지만 곧 부러질 것처럼 어색하고 딱딱하다.

"우리도 살사를 배워볼까?"

멕시코에 살면 살사는 기본적으로 배워야 할 것 같았다. 수업 첫날, 입구부터 음악 소리가 요란하다. 매일 듣던 라틴 음악도 수업이라 생각하니 신나기보단 긴장감이 몰려온다. 첫 수업이지만 시작은 강렬했다. 8박자 6스텝의 기본을 따라해 보지만 내 몸은 넘어질 것처럼 자꾸 꼬인다. 사람 몸이 이렇게 뻣뻣할 수도 있구나 싶게 내 몸만 따로국밥이다. 애써 첫날이니 당연하다고 위로를 건네지만 표현할 수 없는 어색함이 있었다. 그래도 최선을 다해본다. 며칠의 시간이 지나자 내 몸도 조금씩 적응해갔다. 스텝을 이해하니 내 다리도 몸도 변화에 적응해가고 있었다. 이젠 길을 걷다가도 경쾌하게 스텝을 맞춰 본다.

하루는 파트너를 지정해 춤을 추는 날이었다. 선생님은 아내와 나를 우리보다 더 많이 배운 사람들과 짝을 지어 주었다. 먼저 아내가 파트너와 무대 중앙으로 이동했다. 아내는 남자가 리드하는 대로 움직인다. 남자는 능수능란하게 밀고 당기다가 회전까지 주문한다. 리더를 잘 만난 덕에 아내의 춤은 프로급이 되었다. 그런데 아내의 춤을 보며 감동이 밀려와야 하는데 마음이 점점 이상해진다. 마음 깊은 곳에서 알 수 없는 이상한 기분이 올라왔다. 아내의 다리가 남자의 다리와 교차되고, 가슴과 가슴이 밀착되고, 더 격하게 몸을 부대끼는 모습을 보니 괜스레 질투가 나기 시작했다.

나도 파트너가 이끄는 대로 움직여보았다. 나도 상대와 다리를 교차하고 가슴을 밀착했다. 그런데 내가 춤을 춰보니 이상한 감정을 느낄 여유가 없었다. 여자가 이끄는 대로 스텝 밟느라 정신이 없다. 하물며 스텝이 엉켜 여자의 발을 밟고 나니 쥐구멍에라도 들어가고 싶었다. 땀이 비 오듯 쏟아졌다. 남의 춤을 구경할 때는 저 정도는 나도 추겠다며 자만했었는데, 보통 에너지가 들어가는 게 아니었다. 몇 분이 몇 년은 지난 것 같았다.

종아리 근육이 당긴다. 다음 날 일어나 보니 온몸이 쇠망치로 맞은 것처럼 물먹은 스펀지다. 그래도 가야 한다. 내 몸에 맞지 않다고 생각하는 것은 한번 빠지면 자꾸 합리화를 내세우며 결국 포기하는 경우가 대부분이었다. 그래서 되도록 참석하는 것을 기준으로 정했다. 선생의 교육방식은 실전 중심이었다. 50분 중 40분은 수업 진행, 나머지 10분은 교육생끼리 실전 연습을 했다. 그런데 아내가 다른 남자와 춤추는 모습을 보며 질투가 올라오기 시작하자, 가장 좋았던 실습 시간이 가장 싫어하는 시간이 되어버렸다.

"남, 이번 주말에 약속 있어?"

살사 선생님은 주말 살사대회에 우리를 초대했다. 대회라고 하지만 그저 춤추는 파티장 정도로 생각하면 된다고 했다. 무슨 일이든 접하지 않는 것보다 어리석은 것은 없다고 생각했다. 우리는 마약이나 마리화나 같은 불량 초대만 아니라면 어떤 초대든 다 가봐야 한다고 생각했다. 멕시코에선 안 가보고 후회하는 것보다 경험하고 후회하는 것이 나았다. 역시 대회는 축제의 장이

었다. 음악은 열정적이었고 참석한 사람들 기분은 최상으로 업되어 있었다. 환영주 몇 잔이 돌자 자연스럽게 원을 그려 중앙 무대가 만들어졌다. 마치 알파치노 주연의 '여인의 향기' 같은 무대였다. 무대로 나온 사람들은 그들이 보여줄 수 있는 최선의 모습들만 보여주었다. 가끔 스텝이 꼬여도 상대방의 신발을 밟아도 그들은 수업 시간에 배운 대로 최선을 다했다. 가끔 화려하진 않지만, 최선의 모습에 감동받을 때가 있다. 알파치노는 눈이 보이지 않음에도 춤을 추지 못하는 여인을 위해 최고의 리드를 선사했었다. 춤을 추는 동안만큼은 오로지 춤에만 집중했기 때문일 것이다. 오늘 참석자들도 살사에만 집중하는 아름다운 모습이었다.

쿠바 수영선수에게
수영을 배우다

수영이라곤 할 줄 아는 것이 개헤엄이 전부다. 칸쿤은 바닷가다. 스노우쿨링, 스쿠버다이빙 등 바다에 들어갈 일이 많다. 특히 손님들이 바다에 들어가면 항상 긴장이다. 사고라도 나면 당장 응급조치를 취해야 하기 때문이다. 그래서 기본적으로 수영은 할 줄 알아야 한다. 수영을 배울 만한 곳을 찾았다. 신문 광고에서 '수영 강습료 2만 원!'이라는 문구를 보았다. 기대하지 않고 찾은 곳답게 수영장은 열악했다. 잘사는 사람들의 저택 수영장보다 작았다. 스페인어 발음을 들어보니 강사는 쿠바 사람이었다. 한국말도 지역에 따라 사투리가 있듯 스페인어도 나라별로 조금씩 발음이 다르다. 쿠바 사람의 스페인어는 발음이 정확하지 않다. 굴러가듯 하는 발음을 정확하게 알아듣기란 힘들었다. 그런데도 쿠바 사람이라는 특이함에 매료되어 수강을 결정했다. 더 부지런하게 살아보자는 마음에 수강 시간을 새벽으로 정했다.

11월 칸쿤 날씨는 아침, 저녁으로 시원했다. 에어컨이 없어도 될 정도의 날씨다. 새벽 기운이 채 가시지도 않았지만 집을 나선다. 도착시간은 5시 40분이었는데 문이 잠겨있다. 6시부터 강습인데 아직 문이 잠겨있다니…. 이럴 땐 나의 스페인어를 의심하게 된다. 5시 50분이 되어도 문은 열리지 않았다. 7시로 잘못 듣고 일찍 온 것이 확실했다. 바로 그때 어제 상담했던 사람이 문을 연다.

'최소 20여 분 전에는 모든 걸 준비해 놔야 되는 거 아니야?' 투덜대며 수영복으로 갈아입고 나왔지만 아무도 없었다. 갑자기 불길한 예감이 들었다. 짧은 시간이지만 후회도 했다가, 잘못된 건 아닌가 의심도 했다가 마음이 복잡했다. 그런데 물에 들어가려는 딱 그 순간 학생들이 단체로 몰려들었다. 체대 지원생들이었다. '체대 지원생들이 단체로 수영 배우러 올 정도면 괜찮은 강사인가 보네. 그럼 그렇지 내가 선택을 잘한 게 맞다니까.' 좀 전의 의심이 눈 녹듯 사라진다. 더하여 어른들까지 몰려든다. 수영장 레인이 꽉 찰 정도의 인원이었다. 처음에는 혼자라서 걱정했지만, 이제 레인 확보를 걱정해야 할 판이다. 저들이 옷 갈아입기 전에 레인 확보나 하자 싶어 급하게 물로 뛰어들었다.

"앗, 차가워!"

11월이다. 새벽 물은 아직 차다. 나는 놀라서 바로 나왔다. 수영장 바닥에 깔린 호스를 통해 뜨거운 물이 나왔다. 차가운 물을 희석시키고 있었다. 강사는 수영 초보인 내게 그냥 할 수 있는 거 아무거나 해보란다. 잘하는 것처럼 보이고 싶었다. 거리도 얼마

되지 않았다. 저 정도면 자유형으로 한 바퀴 아니, 두 바퀴라도 충분히 돌 것 같았다. 그런 호기도 잠시, 숨이 차 죽을 것 같았다. 팔은 떨어져 나갈 것 같았다. 개헤엄으로 바꾸었지만 그것도 몇 번 휘젓다 멈춘다. 결국 걸어서 이동했다. 숨을 헐떡이며 서 있는데 멀리서 선생이 손짓한다. 죽을 것 같은데 자신 쪽으로 다시 오란다. 자유형으로 몇 번 휘젓다가 너무 힘들어 바로 개헤엄으로 바꾸고, 또 몇 번 휘젓다 멈추었다. 남은 2/3의 거리는 걸어서 이동했다. 도착해선 숨만 헐떡였다. 벽면의 시계를 보니 채 5분도 지나지 않았다. 첫날 수업 시간은 정말 길었다. 상담 때 50분 수업이라고 해서 '50분 가지고 무슨 운동이나 될까?' 생각했었다. 하지만 50분이 며칠은 지난 것 같았다. 물 밖으로 나오려는데 팔이 움직이질 않는다. 샤워장에서 머리를 감으려는데 팔이 잘 올라가지도 않았다. 팔은 사시나무 떨듯 덜덜 떨리기만 했다.

둘째 날이다. 어제처럼 오늘도 왔다 갔다만 하라고 한다. 뭐 가르쳐 주는 것도 없다. 대신 개헤엄은 하지 말고 자유형으로만 반복하라고 한다. 그날도 역시 50분이 5시간은 된 듯했다. 일주일째 선생은 아무것도 가르쳐 주질 않는다. 일주일 내내 왔다 갔다만 반복하라고 했다. 급기야 쿠바 사람은 믿을 수 없다는 오해까지 들 정도가 되었다.

일주일이 지나자 왼쪽, 오른쪽 팔을 젓고, 왼쪽으로 고개를 돌려 숨을 쉬어보라고 한다. 어색하다. 그런데 일주일 왔다 갔다를 반복한 것이 습관이 되어서 그런지 얼마 지나지 않아 호흡이 가능했다. 그리고 한 바퀴, 두 바퀴, 세 바퀴까지 점점 수영할 수 있는 시간이 길어졌다. 신기했다. 그는 아무것도 하지 않은 것 같은데 내 실력은 일취월장했다. 그의 능력이었다. 그는 쿠바 수영선수였으며 본인 스승한테 이렇게 배웠다고 했다. 팔에 힘을 빼고나니 속도는 더 빨라졌다.

"남, 오늘부터 평영을 해보자."

자유형으로 출발해서 돌아올 때 평영을 해보라고 한다. 개구리 발차기가 쉽지 않았다. 힘도 없는 것 같았다. 자유형에 비해 속도 감도 없었다. 코로 숨을 잘못 쉬어 코로 물이 들어오는 경우도 많았다. 코로 물이 들어오는 날이면 콧물, 눈물 장난 아니었다. 그런데 평영을 배운 후 몸에 이상 반응이 오기 시작했다. 아침이면 재채기가 나기 시작했고 멈춤 없이 콧물이 쏟아졌다. 살면서 한 번도 경험해보지 못한 지독한 재채기였다. 재채기가 점점 더 심해졌다. 알고 보니 물속의 화약품 때문에 비염이 생긴 듯했다. 결국 수영을 그만둘 수밖에 없었다.

하지만 물에서 수영할 수 있다는 것에 감사했다. 그때 수영을 배우지 않았다면 아마 지금도 물에 들어가는 것을 무서워했을지 모른다. 수영강습을 마무리하진 못했지만 그래도 시도를 안 한 것보다 더 좋은 결과를 만들었으니 나에겐 최고의 선택이었다. 외국 생활이 아니었다면 쿠바 수영선수에게 수영 배울 기회가 있었을까? 멕시코에 살면서 특별한 경험을 참 많이도 해본다.

꽹과리 소리가
왜 거기서 나와?

　줄 때 기분 좋고 받을 때 기쁨 가득한 물건이 한국 전통 문화가 깃든 선물이다. 멕시코 사람들은 한국 전통의 모습을 특히나 좋아한다.

　이민 생활을 마감하고 한국에 돌아와서 창원시청에서 주관한 통역 일을 한 적이 있다. 멕시코 과달라하라 의원들은 자매결연을 위해 일주일 일정으로 창원을 방문했다. 칸쿤에 있을 때 한국 여행팀을 여러 번 보내주며 인연 맺은, 창원여행사의 소개로 일을 하게 되었다. 과달라하라는 멕시코 제2의 도시이기도 하고 칸쿤에 거주하기 전 스페인어 어학연수를 위해 살았던 곳이기도 했다. 업무적 일정 외에 한정식, 전통시장, 절을 방문하는 투어 일정을 보고 멕시코 사람들을 위한 최적화된 일정으로 계획을 짰다. 식당에선 좌식으로 앉는 것을 불편해했지만 계속해서 나오는 한식 요리에 감탄을 연발했다. 음식은 맛과 보는 것이 중요하다고 했는데 한정식은 미각과 시각으로 멕시코 사람들을 압도했다.

그런데 절을 방문하면서 웃픈 일이 일어났다.

멕시코 사람들은 90% 이상이 가톨릭 신자들이다. 물론 멕시코 사람들 대부분이 가톨릭에 적을 두지만, 실제 성당을 매주 방문하는 사람은 얼마 되지 않는다. 절에 데려가니 정말 좋아했다. 독특한 기와 형식의 건물과 오랜 세월의 맛이 느껴지는 건물 그리고 산중턱에 마련된 절의 풍경 등 모든 것이 그들을 위한 최상의 장소였던 것 같다. 그런데 절에 마련된 선물 방을 방문하면서 일이 벌어졌다. 그들은 선물 방 물건이 동이 날 정도로 샀다. 목탁, 염주, 종, 붓까지 선물 방 물건 대부분을 구매했다. 스님들이 입는 승복까지 구매하는 걸 보고 혀를 찼다. 구매 이유를 물으니 그냥 멋있다는 말만 했다. 그들에게 동양 색채가 강한 물건들은 다 귀하고 소중한 것처럼 보였을 것이다. 그들에겐 동양의 멋스러움은 최고의 선물이었다.

나도 한국 방문 때면 한국 전통 멋이 풍부한 선물들을 많이 준비해가곤 했다. 멕시코 친구들의 초대 때 음료수 한 박스 가지고 가는 것보다는 한국 전통 선물을 주면 훨씬 좋아한다. 칸쿤 하얏트 호텔 직원들은 한국팀을 위해 도움을 많이 준다. 예약 매니저 '도리스', 호텔 식당 '페데리꼬', 벨보이까지 모든 직원이 한국팀을 위해 열과 성의를 다한다. 오션뷰를 좋아하는 한국팀에게 오션뷰 방이 배정되지 않으면 어떻게 해서라도 오션뷰를 마련해 주기도 하고, 호텔 식당에선 한국 사람들이 컵라면 먹는 것을 알고 항상 뜨거운 물을 준비해주기도 했다. 고마운 사람들에겐 한국선

2010.10.21.　Thank you for visiting HANJIN NEWPORT.

물이 최고다.

　멕시코 집 거실에는 꽹과리가 걸려있었다. 꽹과리를 보면 한국이 생각나고 한국을 생각하면 행동거지를 더 조심하게 되는 효과가 있었다. 그런데 앞집 클라우디아 식구들이 우리 집에 놀러와서는 꽹과리가 너무 멋있다며 난리였다. 나의 오지랖에 꽹과리를 선물로 주었다. '땅땅'거리는 경쾌한 소리가 너무 청아하다며 좋아했고 이런 귀한 선물을 주어서 고맙다고 했다. 사실 이웃이기도 하고 가장 오랜 시간 우리 가족과 친하게 지낼 사람들이니 가장 소중한 선물을 주는 것은 당연했다. 그런데 그날 이후 아침, 점심, 저녁이면 꽹과리 소리가 심심찮게 들렸다. 처음에는 청아한 소리가 좋아서 꽹과리를 치나 보다 했다. 그런데 다음 날도 다음, 그다음 날도 거의 매일 꽹과리 소리가 났다.

　하루는 너무 궁금해서 가보았다. 우리 전통악기 꽹과리가 그 집의 알림 장치가 되어버렸다. 1층 거실, 2층 방, 3층 다용도실 구조인 집은 식사 시간에 아무리 내려오라고 해도 말을 안 듣는다고 했다. 큰소리로 부르는 것도 하루 이틀이라 결국 식사 시간에 꽹과리를 울리기로 했다는 것이다. 그런데 오히려 꽹과리 소리가 나면 아이들은 알아서 잘 내려온다는 것이었다. 꽹과리가 파블로프의 종이 되어버렸다. 한국의 전통악기가 파블로프의 종이 된 것이 실망스러웠지만 그래도 타운하우스 내에 하루 3번이나 꽹과리 소리가 울려 퍼지는 것에 감사했다. 클라우디아 집에서의 꽹과리는 거실의 장식이기도 했고 아이들과의 소통이기도 했다. 멕시코 집들마다 울려 퍼지는 꽹과리 소리를 위해 다음 한국 방문 땐 꽹과리만 한 보따리 사와야 할 것 같다.

찐 벗
로레 가족

아이가 자라는 것은 정말 금방이다. 벌써 짐보리 갈 때가 되었으니 말이다. 아내는 교육만큼은 최상으로 해주고 싶어 했다. 칸쿤에서 젖먹이 아이들이 갈 수 있는 최고 교육 장소는 짐보리였다. 부모들 직업부터 아이들 상태까지 상담 때부터 까다롭게 질문했다. 입학서류를 작성하면서 부모 차량 종류, 차 번호, 사진까지 제출해야 했다. 아이들 등교나 픽업 때 필요하다고 했다. '아니! 학교 왔다 갔다 하는데 차량번호, 사진까지 왜 필요하지?'

첫 등원일 때 모든 걸 알 수 있었다. 차량이 줄지어 서 있고 차가 짐보리 입구까지 이동하면 입구에서 마이크를 든 선생님은 아이와 부모, 차량을 확인한 후 담당 선생님을 호명했다. 대기하던 담당 선생님이 직접 나와서 차 문을 열고 아이를 픽업해갔다. 픽업은 모든 아이의 등원 때까지 계속되었다. 수업 종료 후 부모들의 픽업 때는 더 철저했다. 부모들 얼굴을 확인한 후 픽업 사인까지 받고 나서야 아이를 데려갈 수 있었다. 너무 과한 거 아닌가 싶을 정도였다. 원장은 "멕시코는 빈부 차이가 심해서 아이들 유괴 문제가 많다"고 했다. 그래서 좀 산다는 집 아이가 다니는 학교는 대부분 이런 식이라고 했다. 서민들 한 달 월급과 짐보리 한 달 비용이 비슷하니 잘산다는 표현을 사용한 것 같았다. 사실 우리는 그렇게 잘사는 것은 아니었다. 한편으론 외국에서 안전하게 키우는 것 같아서 나쁘진 않았다.

"내일은 부모들 참관 교육이 있는 날입니다. 학부형들은 꼭 참석 바랍니다."

짐보리도 아이들의 교육 참관을 요구했다. 아침부터 부산했다. 아내는 특히 옷매무새에 관심을 가졌고, 한 번도 그러지 않았는데 나보고도 이 옷, 저 옷 입어보라며 성가시게 했다. 멕시코 학부모들을 처음 만나는데 제일 좋은 옷을 입고 가는 게 낫지 않냐며 신경 쓰라고 부탁했다. 좋은 게 좋다고 옷을 대충 입고 가는 것보다 좀 광내고 가는 것도 나쁘진 않을 듯했다.

교실에는 부모들이 가득했다. 바깥에서 봐오던 멕시칸들이 아니었다. 다들 멋지고 아름다웠다. 얼굴이 모두 하얀색이다(인종차별이 아니라 멕시코에선 스페인계통 사람들이 잘살기 때문에 하얀색이라고 표현한 것이다.). 전통 스페인계통 학부형들밖에 없었다. 멕시코에서 얼굴빛에 따라 사람을 구분하는 나쁜 버릇이 생겼지만, 얼굴이 하얀 사람들은 부자들이 많았고, 피부색이 원주민 계통의 사람들은 가난한 사람들이 많았다.

우리 부부에게로 사람들이 몰려든다. 다른 부모들도 우리를 신기해했다. 멕시코에서 어떻게 동양인이 짐보리를 다니는지도 궁금해했고, 우리 직업이 무엇인지, 일거수일투족을 궁금해했다. 아이들 참관 교육에 왔으면서 실제로는 우리한테 더 관심을 가졌다. 특히 로레 가족은 우리에게 특별했다. 아들 석현이가 로레 딸과 같은 반이라면서 바로 저녁 식사를 초대했다.

로레 가족은 우리에게 정을 내주기 시작했다. 너무 반갑게 맞이해줘서 어리둥절할 정도였다. 집은 정말 좋았다. 거실에는 그랜드피아노가 자리하고 있었고 집에는 일하는 도우미가 2명이나 있었다. 저녁 식사는 진수성찬이었다. 아내가 고마워하며 이 많은 음식을 어떻게 준비했냐고 하니 웃으면서 자기는 음식 할 줄 모른단다. 다 아주머니들이 준비했다며 마음껏 먹으라고 했다. 솔직한 모습이 편안해 보였다. 밤이 가는 줄 모르고 많은 대화를 나누었다. 이후 로레 가족은 우리가 조금만 문제가 있어도 바로 달려와 주는 찐벗이 되었다. 새벽녘에 석현이가 고열이 생길 때 급한 마음에 전화하면 바로 달려와 주고, 부모님이 칸쿤에 방문했을 때도 한국식으로 인사해야 한다며 제일 먼저 달려오기도 했다.

하지만 멕시코에 로레 가족 같은 사람만 있는 건 아니었다. 아내는 짐보리 학부형들 모임에 갔다 와서는 황당해했다. 아내를 청문회 하듯 모든 것을 꼬치꼬치 물었다고 한다. 대학은 나왔냐, 전공은 뭐냐, 무엇보다 아내가 스페인어 할 줄 안다고 해도 지적 허영심 때문인지 영어로 대화하는 것을 고집했다고 한다. 그리고

헤어질 땐 아내가 무슨 차를 타고 다니는지까지 다 파악하더라는 것이었다. 물론 아내가 이런 것에 기죽을 사람도 아니지만, 어디나 허영에 차 있는 사람들은 사람들의 겉모습만으로 판단하는 것 같다(물론 우리도 살면서 얼굴 색깔이 하얀색인지 아닌지에 따라 잘산다 못 산다로 판단하는 오류를 범하며 살았지만 말이다).

"남! 이번 주에 요트 타고 바다 나가자!"

'요트 타고 바다를 간다고?' 영화에서나 볼 장면이었다. 로레는 요트도 가지고 있었다. 칸쿤 카리브해를 요트 타고 횡단해본다는 건 상상도 못 했었다. 로레는 음료, 주류, 음식까지 다 준비하고선 우리를 초대했다. 정말 영화에서나 보았던 요트였다. 발데말(로레 남편)도 오늘은 멋져 보였다. 하얀 와이셔츠에 선글라스까지 착용하곤 요트 운전하는 모습이 최고였다. 카리브해를 달리며 해풍을 안주 삼아 마시는 맥주는 환상적이었다. 섬에 정박해선 물놀이도 하고 바비큐도 구워 먹고 하루종일 호강하는 하루를 보냈다. 로레 가족은 우리에게 아낌없이 주었다. 무엇을 바라지도 않으며 진정한 친구로서 대해주었다.

로레 가족은 우리 가족이 칸쿤을 떠나기 전 아니, 한국에 새롭게 정착한 지금도 연락하는 찐 벗이다. 외국 생활에서 허물없는 친구를 사귄다는 건 쉽지 않다. 무엇보다 큰 선입견 없이 우리가 가진 현재의 모습을 좋아해 주고, 따뜻한 위로를 건네는 사람을 한 명만 가진다 해도 정말 행복한 일이다. 이 글을 쓰고 있는 지금도 로레 가족이 생각난다.

한여름의
크리스마스

눈 덮인 집, 벽난로, 벙어리장갑, 추위에 얼어붙은 빨간 볼, 칠면조가 연상되는 크리스마스! 하지만 멕시코에서의 크리스마스는 반바지, 반팔 차림이며 햇볕 쨍쨍한 낮엔 에어컨을 틀어야 할 정도로 무덥다. 멕시코에선 날짜만 12월이지, 실제 느끼는 계절은 한국의 8월이다. 그야말로 '한여름의 크리스마스'를 보내야 했다. 산타클로스 복장만 봐도 답답함에 숨이 막힌다. 그래도 저녁이면 집집마다 반짝이는 트리와 시내에 장식된 대형 크리스마스트리를 보며 잠시 무더움을 잊고, 낭만적인 크리스마스를 상상하며 행복한 미소를 지어본다. 로레에게 눈 오는 크리스마스를 이야기하면, 평생 소원이 털 옷 입고 장갑 낀 추운 크리스마스를 맞이해보는 것이라고 한다.

짐보리에서 크리스마스 행사를 진행한다며 초대장이 왔다. 대체 이 더위에 어떻게 행사를 하겠다는 건지 이해할 수 없었다. '설마 산타클로스 복장까진 아니겠지?' 여튼 입학 후 첫 크리스마스

행사이니 꼭 참석을 바란다며 초대장이 동봉되었다. 아이들 행사라 크게 기대하지 않았다. 무더운 날씨 탓에 편한 복장으로 참석했다. 재롱잔치 참석하는 가벼운 마음이었다. 그런데 입구부터 이런 난리도 없다. 모두 반짝이 고깔을 쓰고 드레스까지 화려한 파티 복장들이었다. 과하다 싶을 정도로 화려했다. 우리만 초라했다. 아내와 나는 청바지 차림으로 참석했기 때문이다. 화려한 복장들을 보니, 아이 첫 행사에 우리만 신경 쓰지 않은 것 같아 미안했다.

　아이들의 재롱잔치는 뮤지컬 공연을 방불케 할 정도로 화려한 무대였다. 아이들은 연습을 얼마나 했는지 한 명도 실수가 없었다. 부모들 눈에는 자기 자식만 보인다. 다른 아이들까지 신경 쓸 여유가 없다. 우리도 그랬다. 석현이만 보였고, 아이들 중에서 석현이만 유독 잘하는 것 같았다. 멕시코에서의 삶은 아무리 좋아도 그들에게 우리는 이방인이었다. 특히 스페인계통의 전통 부자들은 동양인을 무시한다. 그들이 400년 동안 지배했던 인디오들이 동양인 모습이니, 동양인을 인디오와 같은 급으로 대한다. 우리 앞에서 노골적으로 표현하진 않지만, 그들의 이런 모습이 은연중에 보인다. 그들의 거만함이 눈에 거슬리지만, 우리가 선택한 멕시코 삶이니 어울려 지낼 수밖에 없다. 의식적이든 무의식적이든 이런 상황을 잘 이겨내고 씩씩하게 다니는 석현이가 고마웠다.

　설마 했었는데 산타 복장이었다. 빨간 털의 산타클로스 복장에

털모자까지, 보기만 해도 무더웠다. 아이들 재롱은 조마조마한 마음으로 보게 하는 마력이 있었다. 아이들 모습에 박장대소하다 보니 어느덧 마지막 무대로 달려가고 있었다. 드디어 마지막 순서다. 참석자 전원이 무대로 이동해 성탄 곡을 같이 부르고 함께 춤추는 것으로 마무리했다. 참석자 전원이 함께 어울리는 모습은 감동이었다. 멕시코 초창기 정착의 어려움이 생각났지만, 석현이가 씩씩하게 성장하여 이런 유쾌한 시간을 가질 수 있어 고마웠다. 그날의 공연은 가슴을 따뜻하게 만들어준 감사의 크리스마스였다.

로레 가족이 선물을 주었다. 우리는 아무것도 준비를 안 했는데 미안했다. 준비 못 한 미안함을 전달하니, 우리가 자신들의 큰 선물이라며 걱정하지 말란다. 로레 가족이 진심으로 우리 가족을 위하는 마음이 느껴졌다. 멕시코에 살지 않았다면 전혀 경험하지 못했을 그런 크리스마스였다. 그런데 석현이에게 산타 복장은 정말 더웠나 보다. 얼굴 곳곳에 송글송글 땀이 맺혔다. 석현이의 땀처럼 열정적인 멕시코 크리스마스였다.

재활치료사에
도전하다

장애물 점프를 시도하다 장애물을 넘지 못하고 말이 갑자기 멈추었다. 말에 타고 있던 나는 그대로 날아가 말에서 떨어졌다. 위험천만했다. 내 몸이 그렇게 가벼운 줄 몰랐다. 모래를 털고 일어나니, 긴장감이 몰려오며 온몸이 떨렸다. '잘못 떨어져서 사지라도 마비되었다면, 뼈라도 부러졌다면…' 생각만 해도 아찔하다. 툴툴 털고 일어났으니 정말 감사한 일이었다.

"남, 낙마를 본 사람들에게 콜라를 사면 돼."

강사가 콜라를 한 잔씩 사면, 앞으론 말에서 떨어지지 않는다고 했다. 콜라야 몇 박스면 어떤가. 앞으로 사고만 나지 않는다면 더 바랄 게 없다. 콜라 덕택인지 그날 이후 말에서 떨어진 적은 없다.

멕시코는 말이 참 많다. 혹독한 겨울이 없다 보니 말을 위한 목초도 풍부하다. 승마를 배운다는 것은 한국 같으면 상상도 못 할 일이다. 우연히 칸쿤 구석구석을 드라이브하다가 목초지가 풍부한 지역에 승마장이 많다는 것을 알게 되었다. 나도 모르게 내 몸은 승마장 사무실로 향하고 있었다. 승마를 배우는 것도 큰돈이 필요하지 않았다. 승마장 트랙을 돌고 있는 긴 갈퀴의 말을 보니 가슴이 뛰었다. 말을 타고 달리는 내 모습을 상상만 해도 기분이 좋아졌다. 승마를 위해 화려한 복장을 갖출 필요도 없었다. 청바지를 입고 와도 괜찮다고 했다. 멕시코에서 말을 타는 것은 대중적 스포츠였다.

말 위에 올라가니 무서웠다. 말 높이에다 내 앉은키까지 합하니 높이가 상당했다. 그런데 말이 말을 듣지 않았다. 가자고 해도 바닥의 본드를 밟은 듯 꼼짝하지 않았다. 강사가 채찍을 휘두르니 그때야 움직인다. 첫날은 승마장 밖으로 나가 천천히 걸으며 말 위에서 말과 호흡하는 연습이었다. 그런데 말이 또 말을 듣지 않았다. 말이 풀을 뜯기 위해 고개를 숙이니 내 몸도 같이 아래로 쏠렸다. 떨어질까 봐 기겁을 했다. 말은 자기 등 위에 있는 사람이 자기를 통제할 수 있는 사람인지 아닌지를 안다고 했다. 내가 통제 못 하는 사람이란 걸 알자, 내 말을 듣지 않는 것이라 했다. 첫날은 농락당하며 진땀만 흘린 날이었다.

그런데 다음 날이 문제였다. 온몸이 힘들었다. 마치 몸살을 앓은 것처럼 온몸이 아팠다. 허벅지가 당겨 발을 옮길 때마다 콕콕 찔리는 느낌에, 등 근육은 당겨서 허리를 숙일 수도 없었다. 말 등 위에 앉아 걷고 나면 그동안 사용하지 않던 근육이 자극받아 그렇다고 했다. 이제 말을 타고 달릴 수 있게 되었다. 연습을 거듭

했더니 말은 내가 시키는 대로 따라 주었다. 달리다 속도를 줄이고 싶으면 줄일 수 있고, 회전하고 싶으면 회전도 할 수 있었다. 그동안 말이 나를 길들였지만 이젠 내가 말을 길들였다.

멕시코는 크고 작은 축제가 많다. 승마장에서도 축제는 이어졌다. 초대장을 받았다. 오늘은 승마강사들이 준비한 특별무대가 펼쳐진다고 했다. 출연진들의 등장에 눈이 휘둥그레졌다. 타고 나온 말들의 갈퀴는 마치 목욕샴푸로 며칠 동안 씻은 듯 빛이 났고, 강사들의 카우보이 복장은 최고의 날을 기다렸다는 듯 화려했다. 드디어 그들이 준비한 무대의 시간이다. 말의 속도가 이렇게 빠를 수 있을까 무서울 정도로 달렸다. 그런 속도에도 불구하고 말 등 위에서 자세를 바꾼다. 출연자는 달리는 말에서 몸을 일으켜 옆 말로 갈아타기도 했다. 그러곤 물구나무까지 선다. 서커스단을 방불케 할 정도의 실력이었다. 승마를 하고 보니 저런 동작이 얼마나 힘들고 어려운 줄 알겠다. 딱 아는 만큼만 보이는 법이다.

이제 승마장 직원들은 친구가 되었다. 내가 나타나면 다들 나와서 반겼다. 난 소주와 한국 기념품으로 그들의 마음을 샀다. 드디어 경보, 속보, 구보, 구보 후 유턴까지 마무리했다. 마지막으로 말을 타고 산까지 오르고 내리는 과정을 끝냈다. 다음은 장애물이다. 장애물 과정은 굳이 배울 필요가 없었지만 나는 무엇이든 배우고 싶었다. 장애물은 말이 도움닫기 하듯 몸을 날릴 때가 가장 무섭다. 말과 하나가 되어 몸이 날아오르니 긴장하지 않을 수

없다. 그런데 그런 무서움을 말이 아는 것 같다. 그렇게 긴장되던 마음이 결국 낙마로 이어졌으니 말이다.

나는 재활승마치료사에 도전했다. 멕시코는 장애인들을 위한 재활승마치료가 발달되어 있다. 말을 타면서 장애인들의 몸이 치료된다는 게 처음에는 이해되지 않았다. 주사를 맞는 것도 아니고 한약을 먹는 것도 아닌데 어떻게 치료한다는 것인지 의아했지만, 내 몸의 반응을 보니 알 수 있었다. 말을 타면 사용하지 않던 근육, 자세, 평형감각이 좋아짐을 알았다. 지적 장애인들도 말을 타면 허리가 상하좌우로 움직여 말의 자극을 받을 수 있고 근육, 자세, 평형감각, 좌우 균형뿐 아니라 뇌에 자극을 주어 언어적 치료까지 좋아질 수 있었다.

승마치료 자격증 수업 장소는 시골이었다. 칸쿤에서 5시간을 이동했다. 등록비용에는 숙소는 불포함, 식사 및 교육만 포함이었다. 수업 장소에 도착하니 나는 원숭이가 되었다. 칸쿤에선 관광객들이 많으니까 동양인을 보는 것이 낯설지 않다. 그런데 이런 시골 마을에서 동양인이 그것도 승마치료 자격증을 따겠다고 오니 얼마나 신기했을까. 2일 이론 수업을 하고 3일 동안 실기 교육을 받았다. 생각보다 짧은 교육과정이었지만 교육생들이 모두 말을 탈 줄 안다는 전제하에 시작된 교육이라 진도가 빨랐다. 영상교육 중 까치발로 걷던 아이가 정상적인 걸음으로 걷는 것을 보니 재활치료가 얼마나 좋은 것인지 감탄하지 않을 수 없었다. 새로운 배움이었다. 말을 통해 인간의 몸이 치료된다는 것 자체가 신기했다.

실기는 장애인이 누워서 말을 탈 경우, 앉아서 탈 경우의 효과에 대한 체험이었다. 물론 이것도 나한테는 새로운 경험이었다. 말을 통해 균형, 자세 조절의 도움이 있고 호흡까지 증가되며, 근육의 긴장도가 감소되면서 혈액순환을 증가시켜 신체활동에까지 도움을 준다는 것이었다. 경험해보니 온몸은 땀으로 범벅이고 혈액순환으로 얼굴은 환해졌다.

짧지만 의미 있는 일정을 마무리하고 수료증을 받았다. 멕시코에 살며 처음 받아본 자격증이라 기분이 묘했다. 그래도 열심히 산 것 같아 뿌듯했다. 승마를 배울 때는 치료사 자격증까지 마무리할 거라곤 상상도 못 했었다. 배움은 언제나 옳다. 어디서든 멈춤 없이 배움을 이어가는 내가 대견스럽고 고마웠다. 돌아오는 버스 안에서 청하는 잠은 달콤했다. 무언가 이루었을 때만 간직할 수 있는 기쁨이었다.

아이의 생일파티에는
피냐타(piñata)가 있다

우리가 초등학교 운동회 때 했던 박 터트리기가 멕시코에도 있다. 멕시코에서는 박 터트리기를 생일이나 축제, 크리스마스 때 한다. 멕시코에서는 박 터트리기를 '피냐타piñata'라고 부른다. 아이가 조금씩 성장하면서 부모들과의 만남, 아이 친구의 생일, 학교 행사 등 모임이 많아졌다. 석현이 덕분에 더 풍부한 칸쿤 라이프를 즐기고 있었다. 석현이는 짐보리를 졸업하고 3살 이상의 아이들이 입학할 수 있는 킨더짐kindergym에 입학했다. 기저귀도 하지 않고 학교 유니폼까지 갖춰 입으니 벌써 초등학교 학생 같다. 로레 딸도 짐보리에서 킨더짐으로 같이 옮겼다. 근데 같은 반으로 배정받았다. 로레 가족과의 인연은 계속해서 이어졌다.

"아~빠, 저~~거 할래요."

석현이는 한국말을 할 때 힘들어한다. 우리가 영어할 때 단어들 조합을 생각하고 말하듯이, 한국말 할 때 단어를 먼저 생각하고 말을 한다. 그러다 보니 한 문장을 말할 때 시간이 오래 걸린다. 킨더짐에 다닐 가방을 사러 쇼핑몰에 왔다. 어깨에 메는 가방이 편할 텐데, 아이는 끄는 바퀴 달린 가방을 사겠다고 졸라댄다. 할 수 없이 끄는 가방을 샀다. 끄는 가방이 초등학교용이다 보니 이제 3살 지난 석현이에겐 너무 커 보였다. 마치 초등학생이 여행용 캐리어를 끌고 가는 느낌이다. 빨간색의 끄는 가방을 사고 나니 하얀색 유니폼과 보색대비가 되어 눈에 확 띈다. 뒤뚱뒤뚱 끌고 가는 뒷모습을 보니 미소가 절로 났다. 석현이는 항상 눈에 띈다. 이번 킨더짐 학교에서도 동양인 석현이만 유독 눈에 띄었다. 그리고 머리까지 스포츠형으로 짧게 깎고 나니 멀리서 봐도 눈에 확 들어왔다. 어김없이 우리 가족은 입학 날부터 관심의 대상이었다. 석현이는 학교 선생님으로부터, 우리 부부는 학부형들로부터 주목을 받았다.

일요일, 반 친구네 생일파티에 초대를 받았다. 보통 아이들만 초대할 텐데, 부모들까지 초대했다. 아이들만 초대해도 비용이 만만치 않을 텐데 부모까지 초대하다니. 무엇보다 집이 대체 얼마나 크길래 부모까지 초대한단 말인가. 3층짜리 단독주택은 어마어마했다. 한국 같으면 수십 억을 주고도 살 수 없을 정도의 대저택이었다. 뒤뜰에는 푸른색의 잔디, 수영장까지 있었다. 생일파티는 파티대행업체에서 진행했다. 뷔페식으로 마련된 음식은 고급스러웠고 대행업체에선 아이들을 위한 다양한 프로그램을 진행했다.

물론 이날도 모든 관심과 질문은 우리 부부에게 집중되었다.

초면엔 어딜 가나 겪는 질문 세례라 이젠 그러려니 한다. '멕시코는 어떻게 왔냐? 칸쿤에서 직업은 뭐냐?' 등 질문은 항상 비슷했다. 우리 집 조사가 어느 정도 끝나갈 쯤 대형 인형이 등장했다. 피냐타였다. 축제, 생일 등에 쓰이는 전통 인형으로 종이나 천 등의 재질로 만든다. 피냐타가 등장하면 아이들은 돌아가면서 긴 막대기로 때린다. 피냐타가 깨지면 속에 있는 사탕, 과자 등의 먹을거리와 선물이 쏟아진다. 피냐타에서 쏟아지는 물건은 참석한 아이들을 위한 선물이었다. 근데 대행업체에서 얼마나 꼼꼼하게 만들었는지 아이들이 돌아가면서 아무리 때려도 인형이 깨지질 않는다. 아이들이 땀을 뻘뻘 흘리며 안간힘을 쏟는다. 낑낑대면서 인형을 깨려는 석현이와 아이들을 보니 얼마나 웃음이 나는지 몰랐다.

결국 부모들의 힘을 빌려서야 인형은 깨졌고 안에 꼭꼭 숨겨둔 선물들이 쏟아지기 시작했다. 아이들은 선물을 하나라도 더 가지려고 또 안간힘을 쓴다. 그러다 자기가 고른 선물을 다른 아이에게 뺏기니 울음보를 터트린다. 귀여웠다. 초등학교 운동회 때 박 터트리기가 생각났다. 이쪽에서 던진 모래주머니가 반대편 아이들 머리를 때렸고, 맞은 아이가 울고불고했던 장면이 떠오르며 옅은 미소가 지어진다.

석현이가 조금씩 성장하니 칸쿤에서 더 많은 추억이 쌓여간다. 그날의 생일파티는 석현이에게도 우리 부부에게도 행복 가득한 시간이었다.

캐나다에서
친구들이 왔다

　칸쿤에서의 삶이 안정화되니 한국 형제나 친구와의 연락도 편했다. 내가 힘들고 내보일 것이 없으면 내 삶 추스르기도 힘들어 연락한다는 것도 쉽지 않다. 스스로 자책하다 보면 감정선까지 위축된다. 그런데 연락해도 질문들은 똑같다. '어떻게 지내냐? 이민 간 것 후회하지 않느냐? 한국보다 돈은 잘 버냐? 부모 형제 버리고 갔으니 보란 듯이 잘 살아야지' 등이다. 그래서 스스로 위축된 삶일 때는 전화하기도 싫었다. 전화하고 싶은 마음이 생기는 것은 마음의 여유를 찾았다는 것이었다.

　친구들도 보고 싶었지만, 부모 형제는 더 보고 싶었다. 가장 힘든 시간은 명절이었다. 인터넷에서 한국 명절 분위기를 볼 때면, 뭔 큰 영광을 보겠다고 이역만리까지 와서 사느냐며 눈물 섞인 질문을 스스로에게 던진다. 시골 부모님 집은 종갓집이었다. 명절이면 사람들이 많이 모였다. 웃고 먹고 마시며 떠들썩해서 명절 분위기가 제대로 났다. 그런 사람들이 그리워 괜스레 눈물 나는 삶이 이민 생활이다. 한국 명절에 맞추어 잡채, 육전 등 특별 음식을 만들어 보지만 명절 음식은 떠들썩한 분위기에서 만들고 먹어야 제대로인 것 같다. 그래도 고깃값 싼 멕시코에서 육전이라도 마음껏 먹을 수 있다는 것에 스스로 위안을 삼아본다.

친구들을 보고 싶은 마음에 "처음으로 칸쿤에 오는 친구는 머무는 모든 비용을 다 지불한다"고 공표했다. 첫 방문자는 아내 친구 가족이었다. 우리의 멕시코 이민에 자극받은 아니, 일찍부터 외국 생활을 동경하며 우리보다 1년 늦게 이민계획을 세워 캐나다에서 정착하고 있는 가족이었다. 2주 동안 칸쿤 여행계획을 잡고 온다고 했다.

드디어 기다리던 캐나다 가족들의 방문 날이다. 아내는 전날부터 바빴다. 집안을 대청소하고, 4명 가족이 머물 방의 이부자리부터 세면도구까지 준비하며 머무는 동안 불편하지 않도록 최상으로 준비했다. 만나기 전 설렘은 아무도 모른다. 아내도 약속을 정한 순간부터 만나는 날까지 매일 설레는 마음으로 보냈을 것이다. 한국에서 보는 것도 아니고 칸쿤에서 만나는 것이고, 나라는 다르지만 이민 생활하는 가장 친했던 친구이니 오죽할까.

그들과는 한국 안산에서 본 이후 5여 년 만의 만남이었다. 집으로 돌아와 밤새 수다 삼매경이었다. 나도 일이 없는 날은 휴가처럼 그들과 멋진 시간을 보냈다. 우리가 자주 가는 현지인 식당도 가고, 해상공원 투어도 같이 가고, 저녁 크루즈도 같이 갔다. 어떤 날에는 한국 분위기를 내자며 직접 만두를 빚고 만둣국을 해 먹기도 했다. 저녁이면 술을 마시며 입이 아플 정도로 담소를 나누었다. 사는 거 별거 없었다. 그냥 만나고 웃고 같이 먹으며 행복해하는 것만으로도 충분했다. 오랜만에 사람 사는 냄새가 진동했다.

그런데 그들은 또 다른 이민계획을 세우고 있었다. 캐나다 이민을 끝내고 중국으로 간다고 했다. 나라 옮기는 것을 도시 옮기듯 가볍게 이야기했다. 매일 중국어 공부에 매진하고 있고, 중국에서의 삶은 또 어떻게 펼쳐질지 기대된다며 흥분하고 있었다. 언어적 결함을 가지고 2명의 아이까지 있는 상황에서 또 다른 나라로의 이동이라니 대단했다. 더 대단한 것은 이 글을 쓰고 있는 지금 그들은 프랑스에 머물고 있다. 중국 이민을 끝내고 다시 프랑스로 이동했다. 프랑스에서도 잘살고 있다. 한 번도 경험해보지 않고 공부 한번 하지 않았던 와인을 공부해 프랑스 보르도에서 와이너리 투어를 진행하고 있다. 그들을 생각하면 도전의 한계는 어디까지인지 궁금할 정도다.

2주 시간이 어떻게 지났는지 모를 정도로 빠르게 지나갔다. 벌써 다음 날이면 출국이다. 아이들은 밤새 울음을 멈추지 않았다. 칸쿤에 머무는 동안 같은 공간에서 이렇게 오랜 시간 정을 쌓은 사람들은 없었다. 아이도 그 정에 이끌려 그들과의 헤어짐을 아쉬워했다. 무사히 배웅하고 돌아오는 길에 아내는 내게 고마움을 표시했다. 싫은 내색 없이 친구 가족들을 성심으로 대해준 것에 고마워했다. 물론 2주라는 시간 동안 다 만족스러운 것은 아니었다. 내 시야에 벗어난 행동과 말을 할 때는 짜증이 올라오기도 했다. 하지만 아내를 보고 싶은 마음에 달려왔는데, 갈 때까지 웃는 얼굴로 잘해주자는 마음이었다. 괜스레 짜증 섞인 말 한마디로 몇십 년 이어온 우정을 한순간에 잃어버릴 수 있기 때문에, 감정 소비하지 말자는 마음으로 진심으로 대했다. 그들이 가고 난 후, 잠시는 시원했지만 얼마 지나지 않아 또 사람이 그리워지기 시작했다. 누군가 그리워질 때면 그들과 같이한 2주의 시간을 끄집어냈다.

　사람은 가끔 없으면 그리워하고 있으면 지겨워한다. 그리울 때의 마음처럼 가까이 있을 때 성심을 다하면 시간이 지나도 아쉬울 것이 없다. 그들과의 추억으로 한동안 공허했다. 하지만 얼마 지나지 않아 언제 그랬냐는 듯 일상으로 빠르게 복귀했다.

그곳이 어디든
관광지가 된다

오랜만에 비행기를 탔다. 버스비용으로 저가항공사 비행기표를 구매했다. 같은 비용으로 24시간이 2시간으로 22시간이나 줄어들었다. 멕시코시티 관광은 항상 긴장이었다. 특히 택시 탈 때가 가장 힘들었다. 택시강도 소식을 자주 접했기 때문이다. 특히 딱정벌레 택시(폭스바겐 비틀)를 절대 타지 말라고 했다. 딱정벌레 택시는 앞쪽에만 문이 있고 조수석을 떼어서, 손님이 타면 뒷좌석으로 이동하게 해놓았다. 그런데 뒷좌석 앉았다가 앞쪽으로 택시강도 몇 명이 타버리면 옴짝달싹할 수 없다. 위험은 사전에 방지하는 것이 낫기 때문에 딱정벌레 택시는 모두 보내버리고 문짝 4개 있는 택시만 잡으려니 그것도 스트레스였다.

240m의 소깔로 광장은 웅장했다. 코르테스가 아즈텍 문명을 파괴한 돌들을 깔아서 만들었다고 한다. 화려한 모습과는 달리 눈물 나는 역사다. 매캐한 공기를 뚫고 '신들의 도시' 떼오티우아칸으로 이동한다. 창밖으로 보이는 멕시코시티는 스모그현상으

로 뿌옇다. 하늘 아래 마을들이 점점이 가슴에 박힌다. 인구 천만
이 넘는 도시답게 산 정상까지 집들이 들어찰 기세다. 건조지대
처럼 주위가 황폐하다. 멀리 아름드리 선인장이 보이자 차량이
속도를 줄였다. 산 하나를 옮겨놓은 듯한 거대 피라미드가 나타
났다. 피라미드는 이집트에만 있는 것이 아니었다. 멕시코시티는
불안과 긴장의 도시가 아닌 화려한 역사의 부활을 꿈꾸는 삶의
도시였다.

과달라하라

제2의 도시 과달라하라는 깨끗하고 상쾌하다. 사람들도 웃음
이 많고 여유가 있었다. 날씨까지 좋으니 도시는 더 청량했다. 쇼
핑몰부터 찾았다. 가판대에서 발견한 L사 화장품은 반가움이었
다. 외국 땅만 밟으면 애국자가 된다고 하는데 한국상표만 봐도
가슴이 따뜻했다. 내부 마트엔 오뚜기 라면까지 있었다.

소깔로 광장 주변에는 예술적 흔적들이 가득하다. 사실 멕시코
는 벽화의 나라다. 나라 곳곳의 벽면에 벽화가 가득하다. 멕시코
시티 우남대학 중앙도서관의 벽화는 태양, 달, 원주민과 아즈텍
역사를 상징하는 대표적 벽화다. 과달라하라에서도 시청, 미술관
등 곳곳에서 거대한 벽화를 구경할 수 있다. 소깔로 광장으로 향
하는 길에 할리스코주의 예술, 정치, 역사를 대표하는 인물들 동

상이 즐비하다. 멕시코 벽화 3대 거장 중 한 명인 호세 오로스코의 동상도 눈에 띈다. 스페인은 중남미를 400여 년 동안 식민지화하면서 비슷한 틀을 갖추었다. 도시 중심부는 소깔로(배꼽이라는 뜻) 광장을 만들고 광장 주변은 ㅁ형태로 건물을 지어 정부 기관, 대성당, 레스토랑, 박물관, 미술관을 만들었다. 오늘날에 견주면 테마빌딩 형태다. 도시 중심부인 광장만 오면 공적인 업무도 보고, 성당도 가고 식사도 할 수 있게 만들었던 것이다. 가톨릭 국가인 멕시코 대성당에는 미사와 기도하는 사람으로 항상 가득하다.

과달라하라는 음악의 도시이기도 했다. 마리아치들의 연주는 야외나 식당 등 어디서나 들을 수 있었다. 식당에 가면 식사 중에 트럼펫 소리와 함께 마리아치 등장을 알려준다. 대표곡을 연주한 후 테이블마다 돈다. 식사 중인 손님들이 듣고 싶은 곡을 신청하면 즉석에서 연주해준다. 곡이 끝난 후 팁은 당연히 지불해야 한다. 베사메무쵸를 부탁했다. 곡을 듣고 흥에 겨워하는 것은 나의 몫이다. 즐겁게 듣고 큰 박수를 보내며 팁을 건넸다. 그들은 마지막 신청곡을 연주한 후 바로 옆 식당으로 이동했다.

과달라하라는 데낄라의 고장이다. 데낄라 마을은 입구부터 술 내음을 풍긴다. 어릴 적 집 근처 양조장에서 퍼진 기운들이 느껴진다. 끝도 없는 선인장밭이 장관이었다. 데낄라 마을에선 술이 센 사람이든 약한 사람이든 걸음걸이가 갈지자다. 데낄라 무료 시음 탓이다. 과달라하라는 예술, 마리아치, 데낄라, 멕시코 모자를 대표하는 열정적 도시다. 멕시코 관광에서 과달라하라는 선택이 아닌 필수 코스다.

과나후아또

크레파스로 그린 듯 다양한 색채가 가득한 도시가 있다. 골목길을 거닐 때면 카메라 셔터 소리만 들린다. 동화 속 마을 같은 도시 과나후아또. 나는 화려함보다 순수함을 좋아한다. 과나후아또는 순수했다. 택시로 도시를 관통할 때면 걸어다니는 사람들에게 미안했다. 택시에서 내릴 때쯤 깨닫는 것이 있는데, 도시 전체에 신호등이 없다는 것이다. 해 질 녘에 삐삘라 전망대로 향했다. 하나둘 불이 켜진 도시는 동화책에서나 나올 법한 아기자기함을 뽐냈다. 어디를 봐도 감탄이 절로 나오는 도시가 과나후아또다. 문을 열고 들어서면 무릉도원처럼 마음을 편하게 하고 가슴을 따뜻하게 하는 곳이 과나후아또다. 여기서는 계획 따위는 필요 없이 그냥 골목을 걷고 눈으로 즐기기만 하면 된다. 치안 때문에 주위를 경계하고 소지품을 챙기며 긴장할 필요도 없다. 멕시코에서 가장 안전하고 평화로운 도시가 과나후아또다. 과나후아또는 걷는 것만으로도 힐링이며 사랑이다.

오아하까

치즈 향 가득한 도시, 토착민 향취와 인디오 모습까지 즐길 수 있는 전통적 도시가 오아하까다. 도심의 빌딩, 오염, 자동차 소음으로 지친 심신을 위로하고, 인디언 문화가 향존하는 가장 아름다운 도시를 보고 싶어 오아하까를 찾았다. 먼저 베니또 후아레스 전통시장에 갔다. 시장 입구부터 고기 굽는 향이 가득하다. 고기를 주문하면 구워서 소쿠리에 담아 준다. 구워진 고기와 소스를 곁들여 또르띠아에 싸서 먹으면 인생 타코 맛이다. 과일코너를 지날 때면 멕시코 바나나는 이곳에 다 모여 있는 것 같다. 바나나로 피라미드도 쌓을 수 있을 것 같은 거대한 양이다. 베니또 후아레스 시장만 왔다 갔다 해도 하루종일 보낼 수 있을 것 같은 재밌는 맛이 있다. 거리를 걷다 보면 수공예품이 가득하다. 다른 도시에 비해 더 오랫동안 남겨진 토착 문화 탓에 거리를 걷는 사람도 전시된 수공예품도 같은 모습이다.

소깔로 광장으로 이동한다. 대성당이 있다. 성당은 조용하고 엄숙하다. 입구부터 14개의 예배당이 갖추어져 있다. 멕시코 사람은 살면서 얼마나 기도할 것이 많은 걸까? 왜 유독 멕시코 사람만 더 기도를 많이 하는 걸까? 화려하지만 웅장한 성당을 뒤로하고 거리를 걷는다. 하지만 오아하까의 사람들은 어색했다. 도시에서 온 사람들이 부담스러운지 표정이 굳어있다. 다가가면 도망이라도 갈 것 같았다. 어색해하는 그들을 뒤로하고 몬테알반으로 향한다.

몬테알반은 멕시코 다른 도시의 유적지와 또 다른 맛이 있다. 피라미드가 큰 것도 아니고 그렇다고 웅장하지도 않다. 테오티우아깐을 그대로 축소해서 만들어 놓은 듯하다. 사포텍 문화의 수도이자 메소아메리카 최초의 도시 중 하나였던 몬테알반을 영국 소설가 올리스 헉슬리는 '세계의 넓은 골짜기가 홀로 선 커다란 언덕 아래편에 펼쳐진 초록색의 비옥한 바다로부터 일천 피트 가까운 높이로 솟아오른 섬을 상상해보라. 놀라운 광경이다'라고 묘사했다. 골짜기로 표현한 것처럼 몬테알반 주변의 골짜기가 정겹다. 더하여 아담하고 소박하고 깨끗했다. 유적지가 크고 웅장함도 있지만 몬테알반은 크지 않아서 편안했다. 해가 넘어가는 몬테알반은 또 다른 청량감을 주었다. 멕시코는 어딜 가든 관광지다.

멕시코 여행은 1~2일을 잡고 떠날 순 없다. 멕시코시티에서 칸쿤까지 버스로만 24시간이 소요된다. 제대로 마음먹고 여행한다 해도 아니, 한 도시만 여행해도 7일 이상은 걸린다. 바쁘게 많이 보려 하지 말고, 느리게 천천히 구석구석 걸으면서 여행하는 게 더 낫다. 멕시코 여행은 수많은 소통과 만남이다. 여행이 끝나고 나면 더 이해할 수 있는 나를 만날 수 있다. 꼭 외국으로 가는 것만이 여행이 아니다. 익숙한 것과의 이별도 좋고, 지금 있는 곳에서 떠나는 가까운 곳도 좋고, 습관화된 모든 것으로부터 한번 벗어나 보는 세상과의 소통이 곧 여행이 아닐까.

헤밍웨이를 만나러
쿠바로 가다

　칸쿤에서 가장 가까운 나라는 쿠바다. 중남미 아메리카는 스페인에게 400여 년을 지배당했기 때문에 나라는 다르지만, 같은 언어를 사용하며 스페인의 전통이 남겨진 어쩌면 같은 문화권이다. 칸쿤에서 쿠바까지의 비행시간은 서울에서 제주도 가는 비행시간 정도다. 짧은 비행시간 덕분에 칸쿤에서 가장 자주 찾던 곳이다. 2000년 첫 쿠바 방문은 무서웠다. 쿠바 공항은 검은 피부의 녹색 제복 군인들이 총까지 들고 있었다. 위압적이었다. '괜히 공산주의 땅에 와서, 다신 자유주의 땅을 밟지 못하는 것 아닌가'라는 공포가 들 정도였다. 거리에 동양인은 거의 보이지 않았다.

　첫날밤 호텔 택시를 탔다. 호기롭게 구하바나까지 이동했다. 택시에서 내리자 자석에 붙여진 듯 움직일 수가 없었다. 서 있는 자리는 짙은 어둠이 깔려있었다. 한 발짝도 움직일 수 없었다. 가로등 꺼진 벤치에 앉아 오돌오돌 떨기만 했다. 세 개 건너 하나 켜진 가로등, 그나마 켜진 가로등도 희미하게 깜빡였다. 공포영화에나 나오는 불빛이었다. 그 가로등 아래를 걷는 쿠바인들은 더 무섭고 악랄해 보였다. 첫날밤 쿠바는 그렇게 오금을 저리게 했다.

다음 날 거리에 몰려든 쿠바인은 밤새 기다렸다는 우리에게 관심을 보였다. 지나치다 싶을 정도였다. 보는 사람마다 '북한에서 왔냐? 남한에서 왔냐? 재키 찬을 아느냐? 재키 찬하고 닮았다.' 등등 끝없이 질문을 던졌다. 우리는 한국, 일본, 중국인을 구분하지만, 쿠바인들은 전혀 구분하지 못했다. 중국무술은 좋아하는데 이소룡이나 성룡이 어느 나라 사람인지도 몰랐다. 다 같은 한국 사람이라고 생각했다. 선글라스를 착용한 채, 길을 걸으면 '재키 찬' 호명과 함께 엄지 척을 해주었다. 재키 찬이라는 말만 들으면 기분이 좋아져서 어깨에 힘을 주고 걸었다. 그들이 재키 찬이라는데 굳이 아닌 척할 필요도 없었다. 그런데 더 재미있는 건 농담으로 '북한사람이다'라고 하면 잔뜩 겁을 먹었다. 쿠바 사람들에게도 북한은 무서운 나라였던 것 같다.

벼룩시장을 찾았다. 쿠바 사람을 다 모아놓은 것처럼 많았다. 그런데 누군가 옆구리를 쿡쿡 찌르면서 "시가, 시가"라고 한다. 덩치가 산만 한 검은 얼굴의 사람이 허리를 쿡쿡 찌르는데 얼마나 무서웠는지 모른다. 그는 담배 사라는 것이었다. 근데 무언가에 홀린 듯 "사겠다"고 말해버렸다. 그랬더니 자기를 따라오란다. 일말의 의심도 없이 나는 그를 무작정 따라갔다. 골목을 지나 또 골목을 지나 건물 계단까지 올라가는데, 이거 이러다 쿠바에서

완전히 사라지는 거 아냐? 싶은 의심이 들고 오금이 저리면서도 그가 인도하는 3층까지 올라갔다. 잠깐 밖에 기다리라고 하고선 나무 한 상자를 들고 나왔다. 그는 주위를 두리번거리며 손을 벌벌 떨면서 나무 상자를 보여주었다. 이렇게 불법으로 시가를 팔다 들키면 바로 감옥행이라고 했다. 감옥행을 무릅쓰며 살기 위해 시가 한 상자를 팔려는 그를 보며 안쓰럽기도 하며 많은 생각이 들었다.

몇 년 후 다시 방문한 쿠바는 많이 변해 있었다. '서울을 가보았다. 한국 친구 김 씨를 안다며, 한국 갈 때 시가 안 사가냐?'라며 호객행위를 했다. 그런데 길거리에서 파는 시가는 거의 가짜였다. 미흡한 블랜딩 처리로, 빨아도 연기가 잘 빨리지 않고, 피우다 재떨이 위에 올려놓으면 불이 자동으로 꺼지는 것이 많았다. 시가를 살 때는 정식매장에서 품질보증이 되어있는 것을 찾아야 한다.

두 번째 방문에선 헤밍웨이가 보이기 시작했다. 미국과 단절 중인 쿠바에 미국 대문호가 관광 수입을 올려주는 아이러니가 있었다. 헤밍웨이의 향수를 찾아 가장 많이 찾는 두 레스토랑은 '엘 플로리따'와 '라 보데기따 델 메디오'였다. 관광객들은 헤밍웨이가 즐겨 마셨다는 모히또와 다이끼리 칵테일을 마시며 헤밍웨이와 이야기를 나눈다. 엘 플로리따에는 헤밍웨이의 실물 크기 동상이 있고, 라 보데기따 델 메디오 레스토랑에는 헤밍웨이의 친필 '나의 모히또는 보데기따에서 나의 다이끼리는 엘 플로리따에서'라는 문구가 남겨져 있다. 두 레스토랑에는 연주자들의 음악과 함께 관광객으로 인산인해를 이루고 있었다.

헤밍웨이가 1940년부터 1960년까지 거주했던 저택은 세계에서 유일하게 헤밍웨이 박물관으로 만들어져 있었다. 이곳에서 『노인과 바다』를 집필했다고 한다. 노인과 바다에 나오는 "인간은 죽을 수는 있지만 패배하지는 않아"라는 말처럼 쿠바 곳곳에는 헤밍웨이의 흔적들이 남아 있었다. 1959년 쿠바 혁명이 일어나며, 미국인이라는 이유로 강제추방 당하기 전까지 무려 28년간 쿠바를 제2의 고향이라고 생각하며 살았던 헤밍웨이는 떠났지만, 그의 흔적은 영원히 세계인들의 가슴에 남겨져 있는 것 같다.

콜럼버스가 쿠바를 세계에서 가장 아름다운 지상낙원이라고 극찬했듯 쿠바는 구석구석 볼거리가 가득한 멋진 곳이다. 쿠바에는 색바랜 낭만이 있고 열정, 음악, 살사가 넘쳐나는 아름다운 곳이다. 쿠바는 영원히 가슴 뛰는 아름다운 곳이다.

고산병을 이기고
페루로 떠나다

남미로 내려가면 가장 깊은 역사를 가진 나라가 있다. 페루다. 물론 남미도 언어는 스페인어를 사용한다. 스페인의 400년간 지배는 중남미 모든 나라의 언어를 통일시켰고 문화까지 비슷하게 만들어 놓았다. 하지만 페루는 안데스산맥 곳곳에 인디오 문화가 뿌리 깊게 남겨져 있다. 그래서 페루는 같은 듯 다른 매력이 넘쳐난다.

한 발짝 한 발짝 우주인처럼 힘들게 이동하는 사람과 아무렇지 않은 듯 힘차게 걷는 사람이 공존하는 곳이 있다. 나도 우주인이 된 듯, 깨질 듯한 머리를 감싸고 걸었었다. 지리산을 오른 후 그 높이만큼 더 올라가야 하는 도시가 쿠스코다. 쿠스코는 고산병의 도시다. 관광객은 고산병을 앓아가며 쿠스코로 모인다. 잉카제국의 엘도라도 마추픽추를 가기 위한 전초기지이기 때문이다. 마추픽추를 가려면 반드시 쿠스코를 들러야 한다.

페루 여행은 몇 번을 망설였다. 여행은 편안하고 좋아야 하는

데 페루는 소매치기와 무서운 밤거리 때문에 마음 졸이며 다녀야 할 것 같았다. 공항에 도착하자마자 긴장감이 시작되었다. 택시 기사들은 화장실까지 따라와 호객행위로 귀찮게 했다. 마치 인간의 탈을 쓴 악마들 같았다. 긴장 탓에 화장실만 여러 번 가게 되고, 택시 기사들은 갈 때마다 더 집요했다. 결국 그 집요한 택시 기사에 들것처럼 실려져 다운타운으로 이동했다. 물론 바가지 듬뿍 쓰며 택시비를 지불했다. 더하여 팁까지 얹어주었다. 잘해서라기보다 주어야 하는 의무처럼 분위기에 압도되었다. 내 카메라와 지갑만 지킬 수 있다면 팁은 당연한 것이었다. 하지만 다음날 아침 살포시 내 마음을 얹어본 페루는 전혀 다른 모습이었다. 사람들의 머릿결은 직모였고, 눈빛은 선했으며 거리를 지키는 경찰들은 친절하기까지 했다.

관광의 시작은 고속버스다. 고속버스 타는 것이 비행기 탑승과 비슷했다. 탑승 전 다른 사람을 해치는 물건을 소지했는지 아닌지를 체크했고, 탑승하니 모든 승객을 비디오로 촬영했다. 혹시 일어날 사고에 대비하기 위한 것이었다. 버스 의자는 180도까지 젖혀졌고 식사까지 제공되었다. 밤을 새워 달리니 귀가 멍멍해지고 머리는 터질 듯 팽창하는 느낌이었다. 조금씩 고산지대로 위치 이동 중이었으며, 버스 안 승객은 구토로 더 자주 화장실을 들락거렸다.

그렇게 쿠스코로 이동한다. 그런데 사고가 났다. 산사태로 바위가 굴러 도로를 완전히 막아버린 것이다. 바위를 치우지 않는

이상 이동할 수도 없었다. 버스에선 기다리라는 메시지만 반복됐다. 안내양에게 상황을 물으니 자기도 모른다는 제스처만 취한다. 무작정 기다리는 수밖에 없었다.

근처에 사는 듯한 원주민은 사고 소식을 어떻게 알았는지 간이 음식 가판대를 만들었다. 간식을 사 먹는 여행객, 계곡으로 내려가 수영까지 즐기는 여행객도 있었다. 이런 상황은 다들 답답해 미쳐야 당연한 거다. 그런데 나만 답답해했다. 대부분의 여행객은 상황에 맞게 최상의 방법을 찾아 즐기고 있었다. 복구 차량이 도착하고 돌들이 치워지고, 차는 3시간 만에 움직이기 시작했다. 나는 3시간 기다린 것에 화가 났지만, 다른 관광객은 환호성을 질러댔다. 이들의 긍정에너지, 여유는 어디에서 나오는 것일까? 페루 여행에선 그들만의 삶의 방식을 배우게 된 것 같다.

호흡이 점점 어려워지고 있었다. 숨이 턱 밑까지 차올라온다는 게 이런 건가 싶었다. 3399m 높이에 위치한 쿠스코는 심장을 심하게 요동치게 했고, 내 몸 전체를 무기력하게 만들었다. 비상약으로 준비한 타이레놀을 먹었다. 다행히 회복세는 빨랐고 쿠스코 아르마스 광장의 멋짐이 눈에 보이기 시작했다. 마추픽추 전초기지에서 몸을 다스린 후 최종 목적지 마추픽추로 향했다. 마추픽추는 흡혈기가 되어 나를 진공으로 빨아들였다.

고산병을 이겨내고 찾은 페루는 진리였다. 서서히 걷히는 구름 사이로 고개 내민 마추픽추를 보자 눈물이 났다. '저들은 왜 여기 숨어있을까? 그들은 우리에게 무슨 메시지를 건네고 싶은 걸까?' 페루는 찾는 것만으로 눈물 나는 감동적인 나라다. 멕시코에 살며 페루를 접하니 중남미는 내가 생각한 그런 나라들이 아니었다. 그저 선입견으로 접할 그런 나라가 아니다. 페루는 가장 진실한 나라였다. 페루는 엘도라도가 숨겨진 멋진 나라다.

멕시코에서
부모님을 조우하다

"형, 아빠 엄마가 멕시코에 가고 싶다네요."

이 먼 곳까지 아들을 보러 부모님이 오신다고 했다. 가슴이 미어졌다. 그동안 얼마나 마음 졸이며 사셨을까. 부모님은 이민 간다고 했을 때, 정말 많이 반대하셨다. 어차피 한평생 사는 건데 얼마나 잘되겠다고, 그리고 잘된다고 한들 부모 버리고 가서 잘되는 게 무슨 소용이 있냐며, 매일 타이르시고 설득하시다 협박까지 하셨다. 하지만 마음대로 안 된다는 걸 아시곤 어쩔 수 없이 허락해주셨다. 그런 부모님이 이역만리 칸쿤에 오신다고 했다.

"형, 부모님 가시면 한 달은 계셔야 되지 않아요?"

"한 달은 너무 길고 한 2주면 될 거야."

2주라는 말에 동생은 화를 냈다. 오랜만에 보는 부모님을 2주밖에 모시지 않겠다는 것으로 오해한 것이다. 하지만 나는 부모님을 잘 안다. 된장찌개가 없으면 식사를 안 하시는 분들이다. 오로지 나물 반찬에 찌개를 드셔야 하는 정형적인 한국 토종분들이다.

"오해하지 마라. 1년이면 어떻고 2년이면 어떠냐? 그런데 내가 안다. 여기 2주만 계셔도 가고 싶어 안달나실 거다. 특히 아버진 한국에 살 때, 우리 신혼집에서 하룻밤도 편히 주무시지 못하신 분이다. 그러니 2주만 예약해라."

동생은 2주간 예약을 했지만, 내 말에도 끝끝내 오해를 풀지 못했다. 나중에 부모님이 멕시코를 방문하고서야 2주간이 부모님께는 얼마나 긴 시간이었는지를 알게 되었다.

부모님은 무사히 도착하셨다. 그런데 영어는 한 마디도 못 하는데다 외국 여행이라곤 기껏해야 중국 한 번 갔다 오신 게 다인데 미국에서 비행기는 어떻게 갈아타시고 무사히 칸쿤까지 오셨는지 신기했다. 두 분 다 여전하셨다. 멋진 부모님들이었다. 피곤하시지만 오시는 과정을 무슨 무용담처럼 내놓으셨다. 기내에서 본 한국 학생들한테 부탁했다는 것이다. 이래서 사람은 어디에 던져놓아도 알아서 자생력을 만들어 다 큰다는 것이 맞는 것 같다.

둘째 날부터 부모님의 투어는 시작되었다. 그런데 시차 적응도 안 되신 분들이 건강도 하셨다. 칸쿤 시내 구경부터 시켜드렸는데, 멋지고 좋긴 하지만 날씨가 더워서 어떻게 사냐며 나 같으면 억만금을 줘도 안 살겠다고 하신다. 찰리네 가게에 들러 부모님을 인사시켜 드렸다. 찰리는 한국분들은 어떻게 나이를 거꾸로 먹냐며 정말 다들 젊어 보인다고 난리였다. 정말 거짓말하지 않고 50대라고 해도 믿겠다고 했다. 세계 어디나 젊다는 소리를 들

으면 기분이 좋은가 보다. 아버진 젊게 보인다는 말씀에 갑자기 뒷짐을 푸시곤 더 젊어 보이려 애쓰셨다. 저녁엔 로레네 가족이 인사하러 왔다. 아버진 가지고 오신 물건 중 한국 과자를 로레네 가족에게 주었다. 놀란 것은 부모님들이 멕시칸들을 보면서 낯설어 하시거나 당황해하지 않으시는 것이었다.

다음 날은 해상공원을 방문했다. 투어를 다니면서 이제까지 몰랐던 부모님의 성격을 제대로 볼 수 있었다. 아버진 무조건적으로 도전하는 스타일이었고 어머니는 일단 손사래부터 치고 보셨다. 이제까지 반대로 생각하며 부모님을 잘 안다고 자부했었는데 의외였다. 아버진 스노우쿨링도 도전, 멕시칸 음식들도 무조건 도전이었다. 하지만 어머니는 아무리 진수성찬이라도 먹을 게 없다며 하루종일 굶고 계셨다. 아버지는 맛나게 식사를 하시다가도 못 먹는 어머니 눈치만 보셨다. 돌아오는 시간에 어머니를 위해 중국식당에 갔다. 어머니는 짬뽕만 찾으셨다.

"엄마, 짬뽕은 한국에나 있지. 여기에 그런 게 어디 있어요?"

어머니는 중식당에 간다고 해서 국물 있는 짬뽕 드실 생각만 하셨는데, 없다고 하니 오히려 실망만 더 하셨다. 전통 중국 음식을 시켜 드려도 잘 드시질 못했다. 이러다 칸쿤 2주 여행 동안 다이어트 제대로 하고 가시게 생겼다.

그다음 날 아침부터 아내가 바빴다. 수산시장에서 생선도 사고 야채도 사 가지고 와서 매운탕을 끓였다. 어제보단 좀 낫게 드셨지만, 이것도 입맛에 맞지 않아 하셨다. 어머님은 한국 나물에다 된장찌개를 드셔야 하는 것 같았다. 하지만 이곳에는 그런 게 없다. 먹지 못하시는 어머니는 오랜만에 자식 보러 와서 신경 쓰이게 해서 미안하다며 빨리 가야겠다고 하셨다.

멕시코시티를 가야 했다. 멕시코시티 한국식당이라도 가면 나을 것 같았다. 어차피 멕시코시티도 관광할 겸 우리는 멕시코시티행 비행기를 끊었다. 시티에서 어머님은 관광도 식사도 풍족하게 하셨다. 그러곤 음식 때문인지 칸쿤보다 시티가 훨씬 낫다며 우리보고도 시티에 와서 사는 게 어떠냐고 하신다. 그래도 다행이었다. 며칠 동안 음식을 못 드셔서 마음이 불편했는데 잘 드시고 관광도 잘하시니 고마운 일이었다. 나보다 아내가 더 편안해했다. 그동안 아내는 가시방석이었을 게 뻔하다.

벌써 2주가 지나 내일 부모님은 한국으로 가신다. 항상 헤어짐은 아쉽다. 부모님은 우리가 잘살고 있는 것 같아 다행이라며, 우리가 생각하는 돈벌이 하고 빨리 한국에 와서 살라며 밤새 아쉬움을 달래셨다. 우리가 살면 얼마나 살겠냐며 빨리 들어오라는 말밖에 하지 않으셨다. 공항에서 아쉬운 작별을 나눴다. 부모님은 자식에게 눈물을 보이고 싶지 않은 마음에 뒤도 돌아보지 않고 들어가셨다. 멀리 부모님 모습이 아주 작게 보일 때쯤 아버님은 뒤돌아보시며 들어가라는 손짓을 하셨다. 저기까지 걸어가시는 걸음이 얼마나 무거우셨을까. 마치 불효라도 저지르는 자식처럼 마음이 너무 아팠다. 돌아오는 내내 아내와 나는 글썽이는 눈물만 훔치며 말이 없었다.

'그래, 잘살자. 그리고 빨리 성공해서 돌아가자. 아버지, 어머니 제가 갈 때까지 건강하십시오. 더 자주 찾아뵙지 못해서 너무 죄송합니다.' 한시외전韓詩外傳 권9에 나오는 구절 '나무는 고요히 머물고자 하나 바람이 그치지 않고, 자식이 봉양하려 하나 부모님이 기다려 주지 않는다樹欲靜而風不止 子欲養而親不待'를 곱씹어 본다.

인생의 자양분이 된
멕시코 이민 생활

10년의 외국 생활에서 끝없이 닥쳐진 어려움들, 아름다운 카리브해, 눈물 나는 그리움들, 삭혀진 고통들, 도전적인 나, 무서움도 두려움도 사라진 지금, 둘러볼 수 있는 여유, 살아가는 자양분…. 우연히 찾아온 이민 생활이었다. 멕시코 초기 정착은 1만 시간이 필요했다. 언어도, 금전적 여유도, 사람과의 관계도 빛을 밝히는 데 3년의 시간이 필요했다. 서둘러 이룬 일들은 금방 무너진다는 것을 깨달았고, 로또처럼 급작스럽게 다가온 행운도 한순간 물거품이 되어 금방 쪼그라든다는 것도 알게 되었다. 돌이켜보면 남들보다 스펙타클한 삶이었다. 매일의 시간은 누구에게나 찾아온다. 매일이 축적되어 한 달이 되고 한 달이 축적되어 1년이 된다는 것을 아는데 꼬박 3년이 걸린 것이다. 멕시코 이민 생활은 겸손할 줄 아는 나를 만들었다.

살아가다 보면 직장을, 도시를 옮길 수 있다. 하지만 기존의 터전을 남겨두고 새로운 변화를 위해 옮긴다는 것은 말처럼 쉽지

않다. 하물며 도시를 옮기는 것도 힘든데 통째로 나라를 옮긴다는 것은 극악한 어려움이 따른다. 언어적 자유로움, 금전적 풍요로움, 당장 먹고살 수 있는 확정적 직업이 없었기에 더 힘들었다. 더 힘들다 보니 겸손해졌고 작은 것에도 감사하는 마음이 생겼다. 그런데도 굳이 선택했던 이유는 변화에 대한 끝없는 갈망 때문이었다. 지평선의 끝이 낭떠러지일지 또 다른 바다일지는 가보지 않는 이상 알 수 없다. 두려움 때문에 멈춘다면 갈망하는 마음 때문에 더 힘들지도 모른다. 어쩌면 배는 정박하기 위해 만든 것이 아니라 항해하기 위해 만들었다는 말처럼 나도 그런 배가 되고 싶었던 것이 가장 큰 이유였다. 멕시코의 삶을 선택했을 때는 가슴이 뛰었다. 살아가며 가슴 뛰는 감정을 느껴보았다는 것만으로도 행운이었다. 이제는 삶을 더 적극적으로 살 수 있을 것 같다. 바다에서의 삶이 지나고 나니 더 아름다운 세상만 보인다. 멕시코 이민 생활이 없었으면 이런 감사를 어떻게 알 수 있었을까. 매일을 감사하는 마음으로 살아가는 것도 다 이민 덕택이다.

스페인 여행 중에 언어가 통하니 이렇게 좋을 수가 없었다. 언어적 감각에서 무지랭이였다. 새해가 되면 제일 먼저 동반되었던 결심이 영어학원 등록이었다. 하지만 번번이 작심삼일로 끝났었다. 쉽게 끈을 놓지 못하고 화장실 갔다 오면 뒤가 구린 것처럼 영어학원만 보면 울렁증이 일어났었다. 하지만 이젠 그런 언어적 두려움에서 자유롭다. 스페인어에 맞춰서 영어도 같이 성장하게 되었다. 언어가 자유로우니 상점에 가는 것도, 간식을 먹는 것도,

택시를 타는 것도 두려움이 없었다. 언어를 할 줄 안다는 것이 이렇게 편한 줄 몰랐다.

"너 스페인어 잘한다. 그런데 어디서 배운 거야?"

스페인 사람들에게 멕시코식 발음은 이상하게 들렸다. 멕시코에서 배운 스페인어라니, 의아해한다. 동양인인 내가 멕시코엔 또 어떻게 가게 된 거지? 하는 표정이다. 이젠 미소를 지을 수 있는 여유도 생겼다. 한국도 지방마다 억양과 사투리가 있듯 스페인어도 마찬가지다. 400년 전 쿠바에 정착한 스페인 사람, 멕시코에 정착한 스페인 사람 등 중남미에 정착한 사람들이 다 다르니 스페인어 발음도 중남미 나라들이 다르다. 하지만 나에게 중요한 것은 발음이 다른 것이 아니라 언어가 통한다는 것이었다. 언어를 할 줄 아니 스페인 여행이 더 행복했다. 찰리 채플린의 명언 '인생은 멀리서 보면 희극, 가까이서 보면 비극'처럼, 멕시코 이민 생활도 쪼개어 조각 조각 보니, 어떻게 살았을까? 그 힘듦을 어떻게 버텼을까? 가슴이 찡해진다. 하지만 긴 세월을 통틀어 돌이켜보니 입가에 미소가 지어진다. 멕시코 이민 생활도 멀리서 보니 정말 희극이었다.

오늘도 달린다

10년의 이민 생활을 마감하고 한국으로 돌아왔다. 아이 방학 동안 한국을 찾은 아내는 멕시코 삶을 정리하고 한국행을 결정했다. 나에겐 즉흥적인 결정처럼 보였다. 아내를 설득했다. 하지만 완강했다. 그동안 한국의 복지는 더 좋아졌고 경제는 더 발전했다. 아내는 멕시코 삶도 행복하지만 미래가 항상 불안하고, 특히 우리가 죽고 난 후, 아이는 멕시코 사람도 한국 사람도 아닌 이방인으로 살아가는 게 걱정이라고 했다. 더하여 아이가 우리의 결정에 따라 본인의 선택권도 없이 멕시코 삶을 살아가야 하는 게 미안했다고 했다. 우리의 노후와 죽고 난 후 아이의 삶을 생각하다 한국행을 결정한 것이었다. 하지만 10년간 이루어놓은 멕시코 삶을 버리고 다시 황무지의 삶으로 돌아가는 게 쉬운 일인가? 멕시코에 살다 적응 못 하고 한국으로 역이민 후 한국 삶에도 적응 못 하고, 결국 멕시코로 돌아오는 한국 사람들을 많이 보았다. 우리도 그럴 수 있다. 좋아서 다시 찾은 한국에 적응하지 못하고 다시 멕시코로 돌아온다면 그 고통은 2배 이상이 될 것이다.

　아무리 설득해도 아내는 완강했다. 멕시코 집을 정리하고 팔고 오는 동안 아내는 먼저 자리를 잡고 기다리겠다고 했다. 나보다 더 적극적인 아내는 처가댁에 머물며 학원에서 영어 강사를 시작했다. 결국 아내와의 수많은 갈등을 마무리하며, 나도 한국행을 결정했다. 그동안 멕시코 집도 팔렸고 여행사 일도 완전히 정리했다. 10년 전 멕시코행에서의 이민 가방 2개가 한국으로 돌아가는 지금도 2개의 이민 가방이 되었다. 10년 동안 살림은 더 늘어나지도, 줄어들지도 않았다. 그렇지만 마음의 무게까지 더해지니 이민 가방은 3개가 된 것이나 다름없었다. 어떻게 다시 시작할 것인가.

　먹고살 수 있는 직장을 잡아야 했다. 하지만 마흔이 넘은 나에게, 무엇보다 10년의 단절된 경력 때문에 누구도 쉽게 먹거리를 주지 않았다. 아이들은 세월이 키웠지만 돌아온 한국에서의 나는 다시 1만 시간의 법칙이 필요했다. 멕시코에서 벌어온 돈을 투자하고 싶진 않았다. 몸뚱아리로 할 수 있는 일을 찾아야 했다. 두려움은 없었다. 말이 통하지 않는 이국땅에서도 사는 데 문제가 없었는데 말 통하는 나라에서 뭔들 못할까 싶었다. 그리고 부모 형제, 지인들이 큰 버팀목이고 에너지였다. 몸뚱아리로 할 수 있는 보험업, 제약영업, 자영업까지 닥치는 대로 시도하고 도전했다. 다양한 경험적 일들은 더 단단해지는 나를 만들었다. 다양한 직종을 선택한 것에 실패는 없었지만 열정적이지 않았다. 그런데 우연히 나에게 맞는 일을 찾게 되었다. 새로운 시도가 최적의 직업군을 가져다준 것이다. 바로 책을 쓰는 것이었다. 그리고 더하여 책과 연관된 강의를 하는 것이다. 강연 시간이면 청중들이 집중하며 경청하는 것이 너무 즐겁다. 한 권, 두 권의 책을 내다보니 EBS '세계테마기행'에까지 출연하게 되었다.

며칠 동안 머리가 아파서 동네 약국에 들르니 약사가 난리가 났다. 얼마 전 TV에 출연한 분 아니시냐며 묻기에 그렇다고 하니 동네에 이렇게 유명한 분이 살고 계셨는지 몰랐단다. 자신은 세계테마기행 애청자인데 얼마 전 내가 나온 것을 보곤, 약국에 자주 오는 분이랑 정말 똑같이 생겼다며 혹 내가 아닐까 생각했다고 한다. 얼마나 반갑게 해주시던지 내가 민망할 정도였다.

앞으로 나에겐 또 어떤 삶이 펼쳐질까? 하지만 나는 오늘도 달려야 한다. 멈춤 없이 달리다 보면 또 다른 기회들이 오겠지. 동네 도서관엘 가면 두꺼운 돋보기에 의지해 책을 읽으시는 할아버지들을 볼 수 있다. 길을 지나다 보면 평상에서 막걸리 한잔과 함께 고스톱을 치시는 할아버지들을 볼 수 있다. 산책하다 보면 운동에 열심이신 할아버지들이 있다. 누구의 삶이 옳고 누구의 삶이 그르다고 말할 수 있을까? 나의 생각과 맞지 않는 일이라고 핀잔을 줄 수 있을까? 누구의 삶이 옳고 그름이 없듯이 그들이 선택한 삶이 행복하면 최고인 것이다. 오늘도 달리면서 다른 삶을 보지만, 나에게 달릴 수 있는 원동력은 멕시코 이민 생활이었다. 칸쿤에서 매일 행복하게 거닐었던 것처럼 오늘도 나는 행복을 위

세계테마기행
언젠가는 꼭 한 번, 파나마 바야노 호수

마스크 착용
감염예방수칙

남기성 여행 작가

이곳은 파나마에서 두 번째로 큰 호수이자
파나마의 보석으로 불리는 바야노 호수입니다

세계테마기행
언젠가는 꼭 한 번, 파나마 파나마 운하

이 도로는 파나마 운하 건설 당시 파낸 흙으로
만든 도로라고 합니다

해 달리고 있다. 오늘도 '저를 세상에 보내신 분께 기도합니다. 매일 행복하고 긍정적인 기분으로 하루를 시작하게 해주십시오. 마음에는 평온함을 주시고 사랑 가득한 삶을 살도록 해 주십시오'로 시작되는 '나의 기도문'과 함께 아침을 출발한다. '나의 기도문'은 행복의 시작이다. 독자 여러분도 소중한 매일을 위해 간절한 '나의 기도문' 하나 정도는 작성해보길 추천한다.

부록

멕시코
200% 즐기기

칸쿤에서 쿠바까지, 10일 여행 코스

1 Day   스쿠버 다이빙 천국 '코수멜COZUMEL'

미국 마이애미를 출발한 크루즈 손님들이 코수멜에 도착했다. 새벽부터 비가 쏟아져 배는 정박했지만 손님이 나오지 않았다. 이민국을 통과하며 시간이 소요되는 듯했다. 경찰들은 크루즈 근처에 버스 정차를 허락하지 않았다. 할 수 없이 도보 15분 거리에 정차했다. 비는 더 세차게 쏟아진다. 버스까지의 이동이 큰일이었다. 한국 손님들이 보이기 시작했다. 우산을 썼지만 바지나 캐리어는 빗물에 완전히 젖어버렸다. 손님들은 인사도 없었다. 내가 비 오라며 기도한 것도 아닌데 손님들은 비 오는 것이 마치 내 탓인 듯 표정이 일그러졌다. 손님 한 분이 "왜 가까운 곳에 버스를 정차하지 않았냐"며 나를 나무란다. 이유를 설명해도 막무가내다. 이럴 땐 대책이 없다. 결국 손님과 언성을 높이고 말았다. 비 오는 것이 내 잘못도 아니고, 버스 정차도 내 잘못이 아니고, 무엇보다 난 약속시간에 늦은 것도 아니었다. 나중에 잘 마무리는 되었지만, 내 기억속의 코수멜은 비, 언성, 다툼으로 남았다. 하지만 코수멜을 찾는 대부분의 관광객들에겐 스쿠버 다이빙, 잿빛 바다, 아름다움으로 기억하곤 한다.

코수멜은 멕시코에서 가장 큰 섬이며 미국 마이애미에서 출발하는 크루즈 배들이 정박하는 섬이다. 마야인들은 꾸즈마일Cuzmail이라고 했으며 '제비들의 섬'이라는 뜻이다. 1518년 스페인이 도착했을 때 마야인 만여 명이 살았지만 1570년경에는 고작 300여 명만 남아 명맥을 유지했다고 한다. 요즘 코수멜 섬을 가장 많이 찾는 관광객들은 스쿠버 다이빙 애호가들이다. 바닷속에 풍부한 리프와 산호를 가진 코수멜은 다이빙 스팟이 36개나 된다. 스쿠버 다이빙 광들은 코수멜에 오면 몇 날 아니, 몇 주씩 머문다. 동서남북으로 따지면 동쪽 해변이 모두 다이빙 스팟이다. 산소탱크 하나에 생명을 담보하며 미지의 세상 바다를 탐험한다는 것은 큰 두려움의 연속이다. 하지만 큰 떨림과 설렘도 평생 잊을 수 없다. 형형색색 그들만의 자태를 뽐내는 열대어들, 부채산호, 가오리, 바닷가재, 해파리 등 그들이 뿜어내는 고혹적인 매력에 눈 둘 곳을 잃을 정도다. 코수멜 섬 어디서나 해상 스포츠(스쿠버 다이빙, 스노우쿨링, 패러세일링)를 팔기 위해 피켓을 든 여행사 직원들을 쉽게 만날 수 있다. 코수멜에서의 스쿠버 다이빙은 선택이 아닌 필수 코스다.

코수멜 섬으로 가는 방법

① 칸쿤터미널에서 플라야 델 카르멘터미널까지 버스로 이동(40분 정도 소요)

② 플라야 델 카르멘 도착 후 코수멜 섬을 향한 페리호 탑승을 위해 선착장 이동

③ 코수멜 섬까지 페리로 40여 분 이동

칸쿤 방문 시 스칼렛 관광은 필수다. 아르바이트로 가이드를 하며 2번째 찾은 곳이 스칼렛이었다. 사전답사도 없었다. 손님들께 안내를 해야 하는데 어디가 어딘지 모르니 황당했다. 일을 부탁한 여행사는 스칼렛은 해상공원이니 아무것도 안내할 게 없단다. 그냥 손님들께 스페인어 통역만 간단히 해주면 된다는 식으로 일을 의뢰했었다. 그런데 스칼렛은 너무나 거대했다. 하루종일 다녀도 다 볼 수 없을 정도의 규모였다. 이리 뛰고 저리 뛰며 동분서주했다. 돌아올 때 손님들은, 본인들을 위해 최선을 다해준 것에 고마워했다. 손님들께 하나라도 더 보여드리기 위한 노력이 전달된 듯했다. 내 첫 스칼렛 방문은 당황이었고 긴장이었다.

멕시코 최고, 최대 생태 테마파크인 스칼렛은 1984년 건축가 미구엘 뀐타나 페일miguel quintana pali라는 사람이 자신의 집을 짓기 위해 사들였다가, 공사 중 세노떼와 지하로 흐르는 아름다운 강을 발견하곤 즉시 공원을 만들기로 결정했고, 공사 후 1990년 12월에 문을 열었다. 여의도 공원의 3배 면적을 자랑하며 하루종일 바지런 떨고 다니지 않으면 눈에 다 담을 수 없을 규모다. 사실 마야 고문서인 칠람 발람Chilam balam에서 언급한 스칼렛은 '연안선'이라는 뜻을 가지고 있으며 마야 후고전기 중 1200~1500년 사이에 뚤룸, 코수멜, 과테말라까지 교역을 담당한 가장 중요한 상업 항구 중 하나였다고 한다.

299

    스칼렛 관광의 꽃은 지하수에서 자연과 함께 호흡하는 스노우쿨링과 대형 공연장에서 펼쳐지는 쇼이다. 스노우쿨링은 일종의 세노떼cenote(낮은 편평한 석회암 지역이 함몰되어 만들어진 천연 우물)에서 진행된다. 원색의 열대어를 보며, 1시간여 동안 물길을 따라 이동하다 보면 해변으로 연결된 새로운 세상에 도달한다. 저녁에 펼쳐지는 대형 공연은 1, 2부로 나누어진다. 1부는 마야인터전에 스페인이 침공해서 새로운 멕시코가 탄생하는 과정을 파노라마처럼 재현한 것이다. 웅장함에 압도당한다. 2부는 멕시코 서부의 도시 '미쵸아칸', 인디오들이 가장 많이 살고 있는 '오아하까', 멕시코 최대 항구도시 '베라크루즈' 등 32개 주 중에 전통적인 모습이 가장 많이 남겨진 주의 모습을 알리는 시간으로 구성된다.

스칼렛으로 가는 방법
① 칸쿤에서 스칼렛까지는 버스로 1시간 정도 소요
② 호텔 로비에 위치한 여행사에서 스칼렛 1일 투어를 신청하면 된다.

카리브해의 마야 유적지 '뚤룸'과
바다와 강이 만나는 자연 워터파크 '쉘하ᴇᴇ-ʜᴀ'

칸쿤에 거주하는 동안 가장 많이 찾은 곳이 쉘하다. 쉘하를 방문하는 날은 아침도 먹지 않는다. 문 여는 시간에 도착하여 아침식사를 하고, 스노우쿨링을 한 후 점심식사를 하고, 해먹에서 오침 후 돌고래쇼를 구경하고 다시 스노우쿨링을 한 후 저녁 식사까지 마무리할 수 있다. 쉘하 입장권에는 해상공원 내에 마련된 모든 식당, 스낵바, 칵테일, 음료, 스노우클링까지 포함이다. 우리 가족이 쉘하를 찾는 날이면 하루 식사 모두를 해결한다. 아내는 쉘하 방문 날을 제일 행복해했다. 쉘하는 식사 외 다양한 액티비티도 최고다. 방문해보지 않으면 쉘하의 무릉도원을 제대로 만끽할 수 없다. 쉘하만 단독으로 관광해도 되고, 뚤룸과 쉘하 패키지를 신청하여 오전에 뚤룸, 오후에 쉘하를 관광 해도 된다. 일반적으로 뚤룸, 쉘하 패키지를 신청한다.

스페인 정복자들에 의해 뚤룸ᴛᴜʟᴜᴍ(성벽으로 둘러싸인 땅)이라고 부르기 전에는 싸마ᴢᴀᴍᴀ(새벽의 도시)라고 불렸다. 바다를 끼고 ㄷ자 모양으로 벽이 둘려 있기 때문에 뚤룸이라고 불렀다. 뚤룸은 마야인들이 거주한 마지막 도시였다. 마야인들은 외부로부터의 침입을 막고 'descending god'을 숭배하기 위하여 뚤룸 도시를 만들었다고 한다. 이곳은 육지, 바다로의 무역 중심지였고 건물은 태양, 달의 회전에 따라 건설되었다. 하지만 마야인들은 스페인 정복자들이 들어오고 난 16C 이후에, 뚤룸을 버리고 뿔뿔이 흩어져 버렸다고 한다.

쉘하XEL-HA는 '물의 근원지'라는 뜻을 가지고 있다. 민물과 바다가 만나는 곳으로 민물의 제일 꼭대기에서 2km 정도의 거리를 스노우쿨링 한다. 스노우쿨링 후 자전거, 카약, zip-line까지 즐길 수 있다. 야자수 아래 해먹에서 칵테일 한잔 즐기는 것도 쉘하의 최고 낭만이다.

> **뚤룸&쉘하 가는 방법**
> ① 칸쿤에서 차로 1시간여 이동한다.
> ② 뚤룸&쉘하 1일 투어는 호텔 로비에 위치한 여행사에서 신청할 수 있다.

　　멕시코 답사 때 카리비안 카니발을 찾았다. 쇼를 구경하던 중 직원에 의해 반강제로 이끌려 나갔다. 노래자랑 무대였고, 나는 '아리랑'을 불렀다. 다행히 참석한 4나라 중 1등을 했다. 돌아오는 배 선상에선 스타가 된 듯했다. 모두 엄지 척을 주었고 사진까지 찍자며 난리였다. 살면서 한 번도 경험해보지 못한 감정이었다. 이래서 스타병이 걸리면 헤어나질 못하는구나, 노래한 곡 부른 것에 이렇게까지 환호를 해주다니. 돌아오는 40여 분 동안 스타가 된 기분이었다. 지금도 그 당시 흥분된 기분은 잊을 수 없다. 카리비안 카니발은 열정의 무대였다.

　　조명이 다 소등되고 잠시 긴장감이 흘렀다. 관광객은 객석에서 숨죽이며 곧 있을 축제를 기다리고 있다. 장엄한 음악과 팔색 미인의 화려한 무대의상으로 공연의 서막을 알린다. 카리비안 카니발은 전 세계인들이 함께 마시며 스스럼 없이 손잡고 웃는 디너쇼다. 공연은 카리브해 주변 국가들 춤으로 이루어진다. 먼저 카리브해 인접 지역인 콜롬비아에서 유래된 음악 스타일의 '꿈비아'다. 1980년대에는 살사보다 더 큰 인기를 얻었다고 한다. 다음은 도미니카 공화국의 민속춤이자 아이티의 민속춤이기도 한 '메렝게'였다. 그다음은 쿠바 토인들로부터 시작된 민속 무용 '룸바'다. 처음 만난 남녀도 룸바를 추고 나면 연인이 된다고 하니 룸바는 다정다감한 춤임에 틀림없다. 무희들이 꿈비아부터 룸바

까지 땀으로 샤워를 하고선 무대까지 적셔준다. 중간마다 펼쳐지는 관광객들의 장기자랑은 카리비안 카니발 프로그램을 더 풍성하게 해준다. 카리비안 카니발은 칸쿤에서 배로 30여 분 이동하여 이슬라 무헤레스라는 섬에서 펼쳐진다. 저녁에 출발하며 식사, 음료, 주류가 제공된다.

카리비안 카니발 가는 방법
① 호텔 로비에 위치한 여행사에서 투어를 신청할 수 있다.
② 여행사에서 카리비안 카니발 가는 방법을 자세히 설명 들을 수 있다.

멕시코 고대도시 '욱스말'을 넘어
신 7대 불가사의 '치첸이싸'CHICHEN-ITZA

피라미드는 이집트에만 있는 줄 알았다. 멕시코라는 나라는 서부영화에 출연해서 총 맞고 죽는 역할만 하는 콧수염의 사람들만 사는 줄 알았다. 그런데 멕시코에 피라미드가 있었다. 그것도 물 한 방울 샘솟지 않는 정글 지역에 말이다. 멕시코 피라미드를 보곤 입을 다물지 못했다. 저 많은 돌을 대체 어디서 가지고 왔을까? 그들은 무엇을 위해 피라미드를 만들었을까? 그리고 왜 계단을 만들었을까? 의문의 피라미드였다. 그런데 그런 피라미드가 멕시코만 있는 게 아니었다. 과테말라, 벨리즈까지 분포되어 있었다. 중미 지역의 기후는 사람이 살 수 있는 최악의 조건이다. 무덥고 물도 없고 농사짓기도 힘든 척박한 토양이다. 왜 그들은 이곳에 피라미드를 만들었을까? 풀리지 않는 의문만 가득하다. 그래서 더 보고 싶었다. 무덥다는 이유로 피라미드를 구경하지 않고 칸쿤 관광을 마무리한다는 것은 칸쿤에 대한 모욕이다. 칸쿤을 찾으면 멀리 욱스말부터 치첸이싸를 관광하자.

칸쿤에서 욱스말로 가기 위해서는 주 정부를 하나 넘어야 한다. 칸쿤이 속한 뀐따나로Quintanaro 주에서 유카탄Yucatan 주까지 이동해야 한다. 한 번도 쉬지 않고 달려간다 해도 고속도로 주행시간으로만 4시간 30분이 걸리는 거리다. 그래도 마야문명을 제대로 즐겨야 한다면 반드시 가봐야 할 곳이다. 욱스말이란 말은

'풍성한 추수'라는 의미도 있지만, 마야 말로 '세 번 축조되었다'
는 의미를 가진다. AD 700년경에 건설된 고대도시로 당시 거주
민은 25,000명 정도로 추정하며 1996년 유네스코 세계문화유산
으로 등재되었다. 욱스말에는 건조한 사바나 초지라 유수지가 없
어 물이 귀했다. 그럼에도 불구하고 이렇게 큰 도시가 어떻게 번
성했는가는 풀리지 않는 미스터리다. 이 거대한 도시는 지독한
가뭄이 닥쳤기 때문에 홀연히 사라진 것으로 추정한다. 마법사
피라미드, 수녀원, 구기장, 총독의 관저, 거북의 집, 32m의 대피

라미드까지 구경하려면 2시간 정도가 소요된다. 치첸이싸가 정
교한 건축 양식을 가졌다면 욱스말의 피라미드는 우아한 맛을 자
아낸다.

치첸이싸는 2007년 7월 7일 스위스 민간단체인 '세계 신 7대
불가사의 재단'은 세계 신 7대 불가사의를 선정 발표했다(1. 중국
의 만리장성 2. 페루 잉카유적지 마추픽추 3. 브라질 거대 예수상 4. 멕시
코 마야유적지 치첸이싸 5. 로마의 콜로세움 6. 인도 타지마할 7. 요르단의
고대도시 페트라). 신 7대 불가사의로 선정된 이후 세계적인 관광
지가 되었다. 치첸이싸의 의미는 '치는 입, 첸은 연못, 이싸는 이
싸 부족'이라는 뜻이다. 1988년 유네스코 세계문화유산에 등재
되었다. 24m의 높이와 계단 총수를 합하여 1년 365일의 의미를
가진 꾸꿀칸 신전은 춘분, 추분이면 계단 벽면에 뱀의 그림자가
형성되는 기하학적인 건물이다. 전사들의 심장을 꺼내어 바치는
피의 현장인 착몰의 우상, 희생의 샘인 세노떼, 고무공으로 의식
적인 경기를 진행했던 폭타폭 경기장까지 구경하는 데만 2시간
정도가 소요된다.

치첸이싸로 가는 방법
① 칸쿤에서 치첸이싸까지는 버스로 2시간 30분 정도 소요된다.
② 호텔 로비에 위치한 여행사에서 치첸이싸 1일 투어 상품을 구매할
  수 있다.

우리 가족의 나들이 코스는 '이슬라 무헤레스'다. 골프카 하나만 빌려도 일상의 스트레스를 날릴 수 있다. 집에서 준비한 빵과 다과류만 있어도 풍족한 하루 나들이가 가능하다. 골프카는 시간 단위로 빌릴 수 있다. 골프카로 이동하다 좋은 해변이 나타나면 정차해서 해변을 즐길 수 있고 칵테일 한잔이 생각나면 야자잎 지붕을 가진 낭만 장소에서 인생 여유를 즐길 수 있다. 이슬라 무헤레스를 소개하고 핀잔을 들은 적은 한 번도 없다. 이슬라무헤레스는 가장 아름답고 행복 가득한 섬이다. 칸쿤 관광에서 이슬라무헤레스 코스는 절대 빠트리지 않아야 한다.

칸쿤 선착장에서 이슬라 무헤레스(여자의 섬)까지는 30여 분 배로 이동한다. 형형색색 변하는 카리브해는 바라보는 것만으로

도 눈부시다. 섬을 관광하는 방법은 골프카, 스쿠터, 택시가 있다. 당연히 골프카 대여 후 관광하는 것이 가장 의미 있다. 해변을 달리면 저절로 탄성과 함성이 튀어나온다. 더하여 해변을 따라 건축된 별장 구경은 섬이 주는 보너스다. 7km 섬을 한 바퀴 돌고 나면 폐부 깊숙이 맑은 기운이 가득해진다. 가다, 서다를 반복하며 인생 사진을 만들다 보면 하루해가 짧다. 이슬라 무헤레스는 한 마디로 사랑이다.

이슬라 무헤레스로 가는 방법
① 호텔존에 위치한 울트라말(ultramar) 선착장에서 티켓 구매 후 이동한다.
② 섬에 도착해서 거리로 나오면 골프카 대여 장소는 쉽게 볼 수 있다.

칸쿤 호텔 지역은 바닷물과 격리된 호수 지역의 라군과 바다 사이에 위치해 있다. 객실에서 앞을 보면 바다가, 뒤를 보면 라군이 펼쳐진다. 칸쿤은 천혜 조건을 가진 관광지역이다. 라군에서 시작되는 최고 액티비티는 정글 투어다. 보트를 직접 운전한다는 것은 상상 이상으로 짜릿하다. 정글 투어를 할 때 가장 좋아하는 것은 스노우쿨링보다 보트를 직접 운전하는 것이다. 혹 나이 드신 관광객들이 위험하다며 걱정하지만 정글 투어는 나이 드신 분들이 더 좋아한다. 시간별로 출발하는 정글 투어는 칸쿤 관광의 백미다. 비 오면 비를 맞으며 달리는 스릴이 있고 바람 불면 바람에 따른 짜릿함이 있다. 칸쿤에서의 관광 일정이 짧다면 다른 프로그램은 생략하더라도 정글 투어만큼은 꼭 참석해보자. 정글 투어는 가장 박진감 있는 프로그램이다.

정글 투어는 라군을 따라 바다까지 40분 정도 보트를 직접 몰며 운전한다. 포인트(바다)에 도착해서는 스노클링을 즐길 수 있고, 다시 40분 정도 보트를 타고 라군으로 돌아온다. 총 2시간 30분이 소요된다. 보트를 직접 몰고 튕겨 오는 파도를 맞으며 운전하는 스릴은 직접 경험해보지 않으면 알 수 없다. 보트를 타면 기어 부분을 점검해야 한다. 운전대 옆 기어를 가운데 놓으면 중립, 앞으로 한 번 밀면 저속, 앞으로 한 번 더 밀면 고속, 중립 위치에서 뒤로 밀면 후진이 된다. 제일 앞 보트에는 현지 여행사 멕

시코 가이드가 운행한다. 대오를 이탈하지 않고 가이드만 따라 운전하면 된다. 제일 앞 가이드가 주는 수신호 중 손을 들면 stop, 옆으로 나란히 해서 아래, 위로 흔들면 속도 줄이기, 팔을 하늘로 죽 펴서 원을 그리면 속도 올리기다. 정글 투어는 해변을 달리는 액티비티를 원하는 관광객, 마음속 스트레스를 달리는 보트로 날려버리고 싶은 관광객, 스노우쿨링의 리얼을 원하는 관광객에게 적극 추천하는 코스다.

정글 투어 가는 방법
① 호텔 로비에 위치한 여행사에서 예약할 수 있다.
② 여행사 직원은 투어 일정을 상세하게 설명해준다.

막연한 두려움이 있는 나라 쿠바! 접하지 않았기 때문에 더 두렵고 갈 수 없는 나라로 생각했기 때문에 막연했다. 하지만 쿠바는 언제나, 누구에게나 환영의 손짓을 건넨다. 그래서 한번 접하면 더 자주 생각나고, 더 자주 가보고 싶은 나라다. 벗겨진 회칠 속의 쿠바는 낯선 이방인들에게 설렘 가득한 낭만의 자유를 안겨준다. 하얀 이를 드러내며 수줍게 웃는 쿠바인들은 순수했고 그들을 바라보는 내 가슴은 따뜻했다. 내가 20년 전 처음 찾은 쿠바는 그랬다. 그런 따뜻함을 안아보기 위해 올드한 멋이 그대로 남겨져 있는 구하바나를 찾는다. 헤밍웨이와 술 한잔을 나누며 쿠바 첫날의 멋스러움을 즐겨본다.

구하바나 시 전체는 1982년 유네스코에 의해서 세계문화유산으로 선정되었다. 구하바나를 찾으면 반드시 걸어야 하는 곳이 있다. 바로 오비스포Obispo 거리다. 쿠바의 멋스러움이 가득한 오비스포 거리 초입에는 헤밍웨이가 가장 많이 찾던 '라 플로리디따la floridita'가 있다. 라 플로리디따 레스토랑은 다이끼리 칵테일로 유명하다. 바텐더 콘스탄티노가 헤밍웨이를 위해 럼주, 얼음, 사탕수수즙을 넣고 만들어주며 유명해졌다고 한다. 다이끼리 칵테일은 쿠바와 불편한 관계였던 존 F. 케네디 대통령이 즐겨 마셨던 술이기도 했다니 아이러니하다.

거리의 끝자락 즈음에 위치한 대성당 주변을 걷다 보면 이내

흥겹고 빠른 템포의 음악들이 귓가에 들려온다. 레스토랑 '라 보데기따 델 메디오_La Bodeguita del Medio'다. 헤밍웨이가 즐겨 마셨던 모히또_mojito(럼주, 레몬즙, 물, 설탕, 민트로 만든 칵테일)를 즐기기 위한 관광객들로 인산인해를 이룬다. 희미해져 가는 기억속의 헤밍웨이를 위해 salud(건배)를 외친다. 두 레스토랑을 찾다 보면 헤밍웨이의 향수에 젖어 든다. 다이끼리 칵테일과 모히또 한잔으로 찾아온 나른하면서도 푸근한 환영의 만남! 헤밍웨이는 늘 오비스포 거리에 자리하고 있었다. 쿠바는 칸쿤 다운타운에 위치한 쿠바 여행사를 통해 2박 3일 패키지 상품을 소개받을 수 있다. 패키지 상품에는 항공과 호텔이 포함되어 있다.

헤밍웨이 박물관까지 시내버스를 타고 이동했다. 택시를 타면 편하고 빠르다. 하지만 쿠바인들과 호흡하고 싶었다. 무더운 날

씨임에도 시내버스에는 에어컨 시설이 없었다. 정말 찜통더위였다. 하지만 아무도 불평하지 않는다. 갑자기 소나기가 내려 창문까지 닫았다. 사우나가 따로 없다. 소나기가 멈추고 창문을 여니 살 것 같다. 에어컨을 바랐던 내가 창문을 여는 것만으로도 이렇게 행복할 수가 없었다. 헤밍웨이 박물관으로 이동하는 동안은 천당과 지옥으로 가는 문이 열렸다 닫혔다를 반복했다.

헤밍웨이는 이미 50년 전에 우리 곁을 떠났지만 아직도 그의 흔적은 쿠바 곳곳에 남겨져 있고 그의 체취를 그리워하는 세계의 수많은 관광객은 그의 향수와 흔적을 느끼기 위해 오늘도 쿠바를 찾는다. 헤밍웨이 박물관은 쿠바를 제2의 고향으로 생각했던 헤밍웨이가 20년 동안 거주했던 저택을 박물관으로 만든 것이다. 헤밍웨이 박물관은 헤밍웨이를 사랑하고 그리워하는 세계의 모든 여행자가 그의 체취를 폐부 깊이 느낄 수 있는 곳으로 쿠바에서 가장 사랑받는 곳이다.

다음 방문지는 쿠바 혁명의 불꽃, 쿠바의 정치 행정의 중심지 혁명의 광장이다. 미디어상에서만 보았든 현장이 내 눈앞에 등장했다. 바람에 날리는 쿠바 국기 아래 혁명의 광장이 숨 쉬고 있었다. 아무것도 없는 광장임에도 나를 압도한다. 쿠바 하면 떠올리게 되는 광장은 보는 것만으로도 내 삶의 역사를 장식했다. 축구장 3개 크기인 혁명의 광장은 쿠바 혁명 이후 전 세계인에게 알려지게 되었다. 혁명 광장의 상징적 건물은 체의 글귀 'Hasta la victoria siempre!(영원한 승리의 그날까지)'와 체의 얼굴 모습이

철근으로 형상화된 내무부성 건물이다. 철근 형상화된 체를 배경으로의 사진 촬영은 혁명 광장의 덤이다. 더하여 혁명의 광장 주변은 올드카의 집합소다. 마치 1960년대 고전 영화 속에 머물고 있는 착각이 들 정도로 멋진 카프레이드 향연이 펼쳐진다. 눈을 감고 잠시 과거로의 여행을 떠나보자.

　이제 바다로 간다. 모 방송 출연 배우가 지금까지 보아온 바다 중 제일 예쁘다고 극찬한 곳이 바라데로다. 해변을 따라 70여 개의 호텔과 다양한 액티비티 프로그램이 공존하는 쿠바 최고의 휴양지다. 코로나가 끝나고 나면 가장 먼저 달려가야 할 곳이 쿠바의 바라데로다. 바라데로는 그냥 쉬고 또 쉬고 또 휴식하는 힐링의 최적지다.

오늘은 쿠바 혁명의 선봉장 체 게바라를 찾아보자. 하바나에서 3시간 30분 달리면 도착할 수 있는 체 게바라가 잠든 도시 산타 클라라다. 산타클라라는 시골 맛이 물씬 난다. 사람들은 소박하고 택시로 이용되는 마차는 정겹다. 아침부터 커피 향 가득한 거리는 하바나와 다른 특별함이 있다. 커피 한잔과 빵 한 조각으로도 풍부함을 느낄 수 있는 산타클라라!

먼저, 별이 박힌 검은 베레모와 시가를 물고 우수에 젖어있든 체 게바라가 묻혀있는 기념관을 찾아보자. 기념관 입구에는 체를 흉내 낸 듯한 근무병들이 있다. 초록색 군복과 선글라스를 착용한 이들은 체의 기념관에서 근무하는 것만으로도 어깨에 힘을 잔뜩 준다. 사진 한 장 찍자는 요구에 한껏 폼을 잡고 결전 현장에 나가듯 이빨을 꽉 깨문다. 그들에게 체는 영웅이었고 닮고 싶은 롤모델이었다. 기념관 입구에는 6m 높이의 체 게바라 동상이 자리하고 있다. 올려다보는 것만으로도 체의 카리스마를 느낄 수 있다. 동상 후면에 박물관과 묘지가 있다. 박물관에는 체 게바라의 유니폼, 모자, 권총, 가죽 케이스, 그의 핸드폰, 사진기 등 개인 유품이 전시되어 있고, 묘지에는 체를 비롯한 동지들 39명의 유해가 있다. 체가 죽은 지도 50여 년의 시간이 흘렀지만 세계인들은 그를 알고 느끼기 위해 오늘도 이곳을 찾는다.

다음은 장갑열차 기념비다. 1958년 12월 29일의 체 게바라 군

대와 바티스타 정권 소속이었던 장갑열차와의 교전을 기억으로
쿠바 조각가 호세 데랄라 jose delarra 에 의해 구상된 곳으로, 당시 치
열했던 교전의 모습을 사진으로 볼 수 있다. 기념비는 작지만 강
렬했다. 장갑열차 내부에 마련되어진 체의 흔적들은 산타클라라
를 찾는 관광객에게 체의 역사를 가장 가까이서 느낄 수 있는 곳
이다. 체 게바라 혁명의 체취를 느끼기 위해서는 반드시 쿠바 일
정 속 산타클라라 도시를 방문해보자. 산타클라라는 체의 체취가
가장 강렬하게 숨 쉬는 곳이다.

10 Day 쿠바의 아쉬움은 소지섭이 거닐던 쿠바 '말레콘'

　저녁마다 말레콘을 찾았다. 말레콘에 자리한 간이음식점은 음식이 맛나기보단 밤바다의 향이 음식 맛을 돋운다. 기타 소리도 좋고 연인들의 함박 웃음소리도 좋다. 새벽이면 일출을 보기 위해 찾았고, 저녁이면 일몰을 보기 위해 또 찾았다. 쿠바에 머무는 동안 하루에도 몇 번을 찾을 수 있는 곳이 말레콘이다. 파도가 말레콘을 넘고 바닷물이 도로를 채울 때 멀리서부터 달려오는 올드카는 영화 속 장면을 연출한다. 수업이 끝난 아이들은 말레콘에서 수영을 하며 더위를 식히고 먹거리가 부족한 사람들은 낚싯대 하나만 던져도 저녁거리를 마련해준다. 삶이 우울한 사람들에겐 시원한 바다내음과 파도소리가 그들의 답답한 마음을 뚫어주기도 한다.

말레콘은 구 아바나, 센트로 아바나, 베다도까지 8km 길이로 뻗어있다. 오늘은 소지섭 배우가 되어 말레콘을 걷는 것만으로 화보 촬영의 각을 세워보자. 너무 아름다워 눈물이 날 정도다. 오늘도 연인들은 건널 수 없는 바다를 바라보며 강렬한 키스로 일몰을 보낸다. 말레콘은 쿠바의 삶이요, 쿠바의 아쉬움이다.

칸쿤에서 쿠바까지, 5일 여행 코스

1 Day

칸쿤 최대, 최고의 자연
생태 테마파크 '스칼렛'

2 Day

카리브해의 마야 유적지
'뚤룸'과 바다와 강이
만나는 자연 워터파크
'쉘하'

3 Day

신 7대 불가사의
'치첸이싸'

4 Day

유네스코 세계문화
유산으로 선정된
'구하바나'

5 Day

쿠바 최고 휴양지
'바라데로'

하바나 ❹ ❺
쿠바

○ 칸쿤
③ ❶
❷

멕시코

멕시코에서 꼭 맛보아야 할 음식

멕시코 음식은 또르띠야 없이는 완제품이 될 수 없다. 또르띠야도 옥수수Tortilla de Maiz로 만드느냐, 밀가루Tortilla de Harina로 만드느냐에 따라 맛이 다르다. 당연히 옥수수 또르띠야의 담백한 맛에 길들여지면 밀가루로 만든 또르띠야는 맛이 없다. 또르띠야에 따라 타코Taco, 께사디야Quesadilla, 고르디따Gordita, 따뀌또Taquito, 엔칠라다Enchillada, 부리또Buritto, 또또뽀Totopo or 나초Nacho가 만들어진다. 또르띠야에 소고기, 돼지고기, 닭고기, 양파, 토마토, 고수 등의 음식을 올리면 타코가 되고, 치즈를 넣으면 케사디야, 호떡처럼 만들어 가운데 부분을 찢은 후 음식을 넣어 만들면 고르디따, 음식을 올려 김밥처럼 말아서 만들면 따뀌또, 따뀌또 위에 소스를 뿌리면 엔칠라다, 밥을 넣으면 부리또, 또르띠야를 잘라서 기름에 튀기면 또또뽀(옥수수 또르띠야 튀긴 것), 나초(밀가루 또르띠야 튀긴 것)가 된다. 또르띠야 없이는 멕시코 음식을 만들 수가 없다. 반대로 또르띠야만 있으면 어디서든 한끼 식사를 해결할 수

있다. 식사 때마다 기본으로 나오는 것이 또르띠야다. 전통시장에선 또르띠야를 만들 수 있는 옥수수 반죽을 팔기도 한다. 옥수수 반죽을 호떡처럼 동그랗게 굽기만 하면 또르띠야가 된다. 추석때 송편을 만들 듯 멕시코 주부들은 기본적으로 또르띠야를 만들 줄 안다. 단, 타코를 먹을 때 함부로 도전하면 안 되는 일이 있다. 고추(칠레 아바네로)는 절대 먹으면 안 된다. '사람이 이렇게 죽을 수 있구나'가 느껴질 정도의 매운맛이다. 멕시코에선 함부로 나서선 안 되는 대표적인 것이 칠레 아바네로에 도전하는 것이다.

01 전통음료 오르차타Horchata와 하마이카Jamaica

　멕시코에도 우리나라 아침햇살과 비슷한 음료가 있다. 바로 오르차타다. 더운 칸쿤에선 얼음 동동 올려진 오르차타 한잔이면 더위가 싹 가신다. 스페인 기원인 견과류 오르차타는 멕시코에선 견과류 대신 쌀로 대체되어 누구나 쉽게 마실 수 있는 전통 음료가 되었다. 다운타운을 거닐다 보면 한국 담근 술 보관 용기 같은 큰 유리병에 하얀 색깔의 오르차타가 담겨져 있는 것을 볼 수 있다.

　사실 멕시코에 살다 보면 탄산음료를 많이 마신다. 단내 나는 갈증을 해소하기엔 물보다는 탄산음료가 제격이다. 처음 코카콜라가 멕시코에 들어올 땐 생수보다 가격이 저렴했다고 한다. 멕시코 사람들은 쉽게 콜라를 마시게 되었으며 배고픈 멕시칸들에게 칼로리 섭취 대체용으로도 제격이었다. 더하여 멕시코 콜라는 사탕수수로 맛을 냈기 때문에 다른 나라 콜라보다 단맛이 강하다. 즉 콜라 맛을 느끼기 시작하면 헤어날 수 없을 정도로 빠져든다. 기름지고 매운 멕시코 음식을 먹고 콜라 한잔하면 개운함까지 주니 어떻게 콜라와 이별을 할 수 있을까? 한국에서도 치킨을 시키면 콜라가 서비스로 나오듯이 기름진 음식엔 탄산음료가 제격이다. 멕시코는 코카콜라 왕국이라 해도 될 정도로 전 세계에서 콜라를 가장 많이 마시는 나라 중에 하나가 되었다. 아직 돌도 되지 않은 아이는 부모님의 무지함으로 콜라를 마신다. 젖병에 하얀색이 아닌 검은색 콜라가 들어있는 것을 보는 것이 어렵지 않다.

나도 그렇게 콜라를 많이 마시다 보니 의식적으로 전통 음료에 눈을 돌리게 되었다. 그런데 바꾸기가 정말 어려웠다. 톡 쏘는 탄산의 맛에 길들이고 나니 전통 음료는 밋밋한 느낌이었기 때문이다. 집에서 일하는 도우미 아주머니가 오면 오르차타를 꼭 주문한다. 원주민인 아주머니가 만든 오르차타는 길거리표 오르차타와는 비교가 되질 않는다. 쌀을 불린 후 물과 함께 믹서에 갈고 우유, 바닐라, 설탕을 넣고 만들기도 하고 때론 시나몬을 넣어 만들기도 했다. 시나몬을 넣어 만든 오르차타는 개피가 들어간 수정과 같은 맛이 난다. 아주머니가 만들어준 오르차타를 냉장고에 넣고 시원하게 마시면, 어릴 적 시골 할머니가 만들어주신 사이다 들어간 수박 화채가 생각난다. 멕시코 오르차타는 추억을 불러주는 전통 음료였다.

멕시코는 수돗물이 석회물이다. 석회가루가 많이 함유되어 있기 때문에 수돗물은 절대 마시지 않는다. 가장 고장이 자주 나는 것이 수도꼭지다. 어느 정도 시간이 지나고 나면 파킹 부분이 석회가루 때문에 마모되어 수돗물이 줄줄 새기도 하고 변기에도 물이 나오는 부분은 몇 달 지나고 나면 하얀 가루 같은 것이 푸석푸석하게 묻어있다. 수돗물이 좋지 않지만 생수도 20L짜리 생수통에 있는 물은 최하품이다. 생수는 피티병에 담겨진 생수를 마시는 것이 가장 안전하다. 우리는 생수통 물을 받아서 다시 끓여 먹었다. 한국에서 보리차라도 가지고 가면 끓여서 보리차 물을 먹기도 했다.

도우미 아주머니는 가끔 수돗물을 마셨다. 그래서 석회물을 마시면 어떡하냐고 하면 이상하리만치 믿는 구석이 있는 듯했다. 그 믿음의 음료는 하마이카였다. 하마이카가 석회 성분을 배출해주기 때문에 걱정 없다는 것이었다. 빨간색 하마이카는 멕시코 어디를 가든 쉽게 볼 수 있다. 하마이카 잎에 물과 설탕만 넣으면 쉽게 마실 수 있는 음료다. 새콤달콤한 맛이 한국의 오미자차 같다. 하마이카가 노폐물 배출에 좋다는 말에 나도 아침저녁으로 물 마시듯 마셨다. 얼음 담긴 하마이카는 멕시칸들이 즐겨 마시는 건강 음료다.

02 슈퍼푸드 아보카도 소스 와까몰레 Guacamole

현지여서 쉽게 먹는 음식이 있다. 쉽게 구할 수 있기 때문에 귀중함을 모르기도 한다. 아보카도는 멕시코가 원산지다. 몸에 좋고 퓨전식 열풍이 불면서 가격도 천정부지로 올랐다. 초록빛 황금알이라는 아보카도는 멕시코 어디서든 쉽게 볼 수 있다.

몰카헤테Molcajeta에 아보카도를 으깨고 있다. 칸쿤 대형마트엔 K 사장님의 스시 바가 있다. 스시 바에선 일본인이 아닌 멕시칸이 스시를 만들고 있다. 그래도 일본 음식이 먹고 싶을 땐 먹거리를 사고 스시를 픽업한다. 그런데 멕시칸 직원이 스시를 만들지 않고 아보카도를 만지고 있었다. 아보카도에 소금, 레몬, 토마토, 양파를 넣고 소스인 와까몰레Guacamole를 만든다고 했다. 소스를 또르띠야에 싸서 먹거나 찍어 먹으면 한 끼 식사로 충분하단다. 아보카도엔 비타민, 미네랄이 많아서 고혈압에도 좋다며 자기는

1주일에 2~3번은 이렇게 먹는다고 했다. 레몬의 신맛과 양파의 아삭함이 더해지면 먹기도 좋다며 나에게도 추천해주었다.

멕시코 남자들은 아보카도를 많이 먹어서 몸이 좋은가? 사실 멕시코 사람들은 체력이 정말 좋다. 저녁에 풋살장에서 축구라도 하면 난 전반전만 뛰고 나면 체력이 달린다. 멕시칸들은 에너지가 장난 아니다. 혹여 몸싸움이라도 하면 난 쉽게 튕겨나간다. 그러고 보면 TV에서 멕시코 축구선수들의 가슴팍을 보면 두께가 장난 아니다. 그 체력의 근간이 아보카도인 것 같다.

집에서 와까몰레Guacamole를 만들어 먹으려고 아보카도와 멕시코 전통 절구 몰카헤테, 나초도 구입했다. 몰카헤테는 한국의 맷돌 같아서 마늘, 고추 등을 빻을 수 있다. 와까몰레를 만들어 나초에 찍어 볼 생각이었다. 집에서 만들어 보니 어렵지도 않고 아보카도가 먹기도 편했다. 저녁 한 끼 식사로는 충분한 배부름이었고 무엇보다 건강해지는 느낌이었다. 아보카도 덕택인지 속도 편안해졌다. 앞으로 종종 만들어 먹으며 건강을 챙겨야겠다.

03 닭곰탕sopa de pollo과 닭육개장Sopa Azteca, 내장탕Menudo

아침 시간에 전통시장을 방문하면 사람들이 몰려 있는 곳은 여지없는 맛집이다. 알찬 가격으로 한 끼 든든하게 식사할 수 있는 곳이기도 하다. 멕시코 여행 시 딱히 먹을 곳이 마땅치 않으면 시장을 찾으면 된다. 푹 끓인 국물 냄새가 진동을 한다. sopa de pollo(닭수프)는 한국식으로 하면 닭곰탕이다. 생각할 필요도 없이 자리에 앉아 주문한다. 테이블 위 자기 그릇에는 양파 다진 것, 고수, 레몬이 한가득 담겨 있었다. 닭다리, 당근, 호박이 들어간 수프에 따뜻한 또르띠야를 같이 주었다. 조심스럽게 맛을 본다. 국물이 진했다. 국물에 레몬을 짜 넣고 양파와 고수를 함께 넣는다. 레몬 때문에 감칠맛이 난다. 양파의 아삭함과 고수 향이 곁들여지니 느끼하지도 않다. 수프는 쌀을 넣고 끓였는지 한 스푼 뜰 때마다 밥알이 같이 올라온다. 국물에 담궈 먹는 또르띠야도 일품이었다.

멕시코시티 방문 때의 일이다. 멕시코시티도 고산도시이기 때문에 아침이면 날씨가 선선하다. 선선한 날씨면 닭곰탕이 생각난다. 시티 한인 형님께 닭곰탕이 먹고 싶다며 부탁했다. 멕시코시티는 닭육개장을 먹지 닭곰탕은 안 먹는다는 것이다. 일명 Sopa Azteca(닭육개장)는 색깔이 육개장처럼 빨갛다고 했다. 먹어보고 싶었다. 이른 아침 쌀쌀한 날씨에 많은 사람이 음식을 즐기고 있었다. 닭육개장은 닭 육수에 토마토와 고추를 갈아서 넣고, 치즈, 아보카도, 튀긴 또르띠야까지 들어있었다. 고추 탓에 약간 매운 맛이 있었지만 치즈의 고소함과 담백함이 있고 튀긴 또르띠야의 바삭함까지 즐길 수 있었다. 선선한 날씨에 땀까지 흘리며 먹을 수 있는 멕시코 전통 수프였다.

설렁탕을 끓이듯 큰 찜통에는 빨간색의 탕이 끓고 있었다. 사람들이 먹는 것은 기름이 둥둥 떠 있는 빨간색 국물이었다. 한국

의 해장국 같은 느낌이었다. 맛을 보니 밋밋했다. 뭔가 아직 덜 끓
인 듯한 맛이었다. 레몬, 양파, 고수, 고추기름을 첨가했다. 매운
맛이 확 오른다. 메누다에는 소내장, 큼지막하게 썬 양파, 감자,
야채가 있었다. 빨간색은 빨강 고추를 갈아서 넣고 끓인 것이다.
메누다는 멕시코식 내장탕이다.

멕시코의 작은 즐거움, 길거리 음식

01 고춧가루 뿌린 과일

"참, 아까 지나면서 보니까, 과일에 빨간색 가루가 뿌려져 있던데 그건 뭐예요?"

관찰력 좋은 손님이 고춧가루가 뿌려져 있는 과일을 보고 물었다. 고춧가루는 '차모이chamoy'라는 것으로 고춧가루, 리몬향, 소금, 설탕이 주재료다. 한마디로 시고, 맵고, 짠 가루다. 멕시코 사람들은 무얼 먹든지 차모이 가루를 뿌려서 먹는다. 단맛 나는 과일에도 옥수수에도 한국 사람이 콩나물국, 짜장면에 고춧가루를 뿌려 먹듯 뿌려 먹는다. 그런데 우리는 단맛으로 과일을 먹지, 시고 매운맛으로 먹지 않으니 우리 입맛에는 맞지 않는다. 그래도 그냥 뿌려서 먹는 것은 양반이다. 고춧가루가 뿌려진 과일을 플라스틱 포크로 먹지 않고 손가락으로 먹다 보면 손가락에 고춧가루가 묻는다. 길을 걷다 보면 손가락까지 빨아 먹는 사람을 종종 볼 수 있다. 너무 맛나게 먹어서 얼마나 맛나면 저럴까 싶은 마음에 나도 한번 먹어보았다가 너무 시어서 먹자마자 눈을 질끈 감았다. 물론 지금은 어느 정도 습관이 되어 먹을 수는 있다. 하지만 즐겨 먹을 정도는 아니다.

02 멕시코 국민 간식, 마약 옥수수 엘로떼와 에스끼떼

옥수수는 1년 내내 무더운 멕시코에서도 많이 볼 수 있다. 옥수수는 멕시코에서 가장 중요한 식량이다. 멕시코 고대문명에선 옥수수를 신으로 삼기도 했다. 우리가 인간을 흙으로 빚었다고 이야기하듯 멕시코는 옥수수가루로 인간을 만들었다고 전해진다. 멕시코 고대문명에선 인간을 흙 또는 다른 것으로 빚어 보았지만 제대로 사람 구실을 못했다고 한다. 그런데 옥수수 신이 옥수수가루로 인간을 만들고 나니 제대로 된 인간 역할을 했다고 할 만큼 멕시코에서 옥수수는 고대부터 중요한 의미가 있었다. 멕시코 사람들의 삶 깊숙한 곳까지 파고든 옥수수는 세끼를 먹는 동안 항상 준비되는 또르띠야의 주재료다. 쉽게 경작되는 옥수수는 적은 돈으로 서민들의 배고픔을 채울 수 있는 농작물이다. 멕시코를 다니다 보면 어디서든 마주칠 수 있는 것이 옥수수다. 옥수수는 멕시코의 삶이고 문화이며 양식이다.

멕시코 거리를 걷다 보면 시큼한 냄새가 나는 곳이 있다. 그런 냄새가 나는 곳으로 고개를 돌리면 영락없이 옥수수 파는 간이 가판대다. 옥수수를 좋아하는 사람들은 반드시 길거리표 옥수수를 먹어야 한다. 길거리표 옥수수가 제대로 된 현지 오리지널 맛이기 때문이다. 처음에는 엘로떼Elote(옥수수의 부드러운 이삭이라는 뜻) 맛에 당황스러웠다. 옥수수를 달콤하고 쫄깃한 맛으로 먹어야지, 왜 시큼한 맛으로 먹어야 하는지 몰랐다. 그런데 이 맛에 길들여지면 다른 옥수수는 밋밋해서 먹을 수가 없다.

"Todo(전부 다)?"

굽거나 찐 옥수수에 소스를 바르기 전 하는 질문이다. "준비한 모든 소스를 다 뿌려줄까?"라는 뜻이다. 난 오늘도 마요네즈 듬뿍이라는 주문과 함께 주문했다. 마요네즈와 하얀 가루의 치즈, 라임과 고춧가루를 뿌리면 끝이다. 오늘은 마요네즈와 치즈, 고춧가루를 듬뿍 뿌려서인지 옥수수 두께가 장난 아니다. 식사 대용으로도 충분할 양이다. 코끝으로 밀려오는 시큼한 냄새가 식초를 뿌린 듯하게 정신을 몽롱하게 만든다. 길가에 자리를 잡고 한 입 크게 물었다. 신맛에 얼굴이 심하게 찡그려진다. 근데 이때 먹는 걸 포기하면 안 된다. 먹다 보면 점점 더 깊은 맛에 빠지게 되고 찡그린 얼굴도 펴지게 된다. 고통을 참고 맛나게 먹고 있으니 지나가는 멕시칸들이 신기한 듯 쳐다본다. 외국인이 김치를 너무 맛나게 먹을 때 한국 사람이 이상하게 보는 눈빛이다. 엄지 척을 보이며 맛나게 먹는다. 양이 줄어들수록 포만감이 가득해진다.

해가 뉘엿뉘엿 넘어갈 때면 길거리 음식들이 하나둘씩 등장한다. 길거리 타코, 길거리 피자, 얼음 빙수 등 공원 주위에는 어느덧 길거리 음식점들로 꽉 찬다. 길거리 음식을 따라 연인들의 데

이트는 시작되고, 아이들의 웃음소리와 함께 가족들의 나들이도 시작된다.

나도 아이들과 오랜만에 다운타운 공원 주변을 산책한다. 무대에선 미니공연도 열린다. 더없이 평화로운 칸쿤의 저녁이다. 길거리 코너 중 유독 긴 줄이 있었다. 에스끼떼 파는 곳이었다. 산더미처럼 쌓인 옥수수 알갱이가 가로등 불빛을 받아 더 빛나고 있었다. 옥수수대가 없는 에스끼떼가 먹기 편할 때가 있다. 그런데 다른 곳의 에스끼떼와 다른 모습이었다. 옥수수 외에 새우가 들어가 있었다. 몇백 원이 비쌌지만 새우가 들어간 에스끼떼는 처음이었다. 에스끼떼 한 컵을 주문했다. 토핑으로 마요네즈, 고춧가루, 땅콩가루, 라임을 원했다. 다른 곳보다 줄이 긴 이유가 있었다. 옥수수의 쫄깃함에 새우 맛까지 곁들여진 최고의 길거리 음식이었다.

---

03 ＼ 돼지껍데기를 튀긴 치차론

'돼지 한 마리의 껍질을 통째로 튀긴 것처럼 어마어마한 크기다.'

돼지껍데기를 잘라서 튀기지 않고 통째로 튀긴다. 저렇게 큰 돼지껍데기를 통째로 튀길 수 있다니 기술도 좋다. 골고루 튀기지 못할 것 같은데 어느 한 부분도 타거나 덜 튀겨지거나 하지 않았다. 적당하게 뿌려진 소금으로 간도 좋았고 바삭한 소리는 기분까지 좋게 했다.

멕시코는 어디든 돼지껍데기를 쉽게 볼 수 있다. 전통시장에서
는 산더미처럼 쌓인 치차론을, 길거리에선 유리통에 담긴 앙증맞
은 치차론을 볼 수 있다. 특히 칸쿤처럼 습도가 높은 지방에서는
바삭함을 유지하기 위해 유리통 안에 넣어둔다. 치차론도 그냥
먹는 것이 아니라 소스picante를 뿌려 먹는다. 치차론의 느끼한 기
름을 소스가 잡아주기 때문에 좋다. 그런데 치차론 크기가 장난
아니다. A4용지보다 더 큰 치차론에 소스와 마요네즈를 뿌려준
다. 다 먹고 나니 배가 부를 정도다. 이런 큰 치차론을 맛보는 것
도 길거리에서의 소소한 재미다.

메 구스타, 칸쿤

초판 1쇄 발행   2022년 4월 15일

지은이   남기성
펴낸이   정혜윤
디자인   한희정
펴낸곳   SISO

주소   경기도 고양시 일산서구 일산로635번길 32-19
출판등록   2015년 01월 08일 제 2015-000007호
전화   031-915-6236
팩스   031-5171-2365
이메일   siso@sisobooks.com

ISBN   979-11-92377-00-1 03940